南京文献精编

金陵胜迹志

（民国）胡祥翰 撰

点校 卢海鸣

南京出版传媒集团
南京出版社

图书在版编目（CIP）数据

金陵胜迹志 / 胡祥翰撰. -- 南京：南京出版社，
2024.6
（南京文献精编）
ISBN 978-7-5533-4682-3

Ⅰ.①金… Ⅱ.①胡… Ⅲ.①名胜古迹—南京 Ⅳ.
①K928.705.31

中国国家版本馆CIP数据核字（2024）第053349号

总 策 划　卢海鸣

丛 书 名　南京文献精编
书　　名　金陵胜迹志
作　　者　（民国）胡祥翰
出版发行　南京出版传媒集团
　　　　　南 京 出 版 社
　　社址：南京市太平门街53号　　　　邮编：210016
　　网址：http://www.njcbs.cn　　　　电子信箱：njcbs1988@163.com
　　联系电话：025-83283893、83283864（营销）　025-83112257（编务）

出 版 人　项晓宁
出 品 人　卢海鸣
责任编辑　徐　辰
装帧设计　王　俊
责任印制　杨福彬

排　　版　南京新华丰制版有限公司
印　　刷　南京新洲印刷有限公司
开　　本　890毫米×1240毫米　1/32
印　　张　3.875
字　　数　80千
版　　次　2024年6月第1版
印　　次　2024年6月第1次印刷
书　　号　ISBN 978-7-5533-4682-3
定　　价　30.00元

用微信或京东
APP扫码购书

用淘宝APP
扫码购书

总　序

　　南京是我国著名古都，有近 2500 年的有文献记载的建城史、约 450 年的建都史，素有"六朝古都""十朝都会"之誉。南京也是文化繁盛之地，千百年来，流传下来大量的地方文献，题材多样，内容丰富，这些文献是研究南京政治、经济、军事、文化、科技、外交和民风民俗的重要资料，是中华优秀传统文化的重要组成部分。做好历史文献的整理出版工作，深度挖掘传统文化资源，不仅有利于传承、弘扬南京历史文化，提升南京美誉度，扩大南京影响力，也有利于推动物质文明、政治文明、精神文明、社会文明和生态文明协调发展。

　　长期以来，大量的南京珍贵文献散落在全国各地的图书馆和民间，许多珍贵的南京文献被束之高阁，无人问津，有的随着岁月的流逝而湮没无闻。广大读者想要查找阅读这些散见的地方文献，费时费力，十分不便。为继承和弘扬好这一祖先留给我们的宝贵文化遗产，从 2006 年开始，南京出版社与南京市地方志编纂委员会办公室等单位通力合作，组织专家学者搜集南京历史上稀有的文献，将其整理出版，形成"南京稀见文献丛刊"。"南京文献精编"

就是从"南京稀见文献丛刊"中精心挑选而成，题材包括诗文、史志、实录、书信、游记、报告等，内容涵盖历史、地理、政治、经济、军事、文化、教育、宗教、民俗、陵墓、城市规划等方面，全方位、多视角地展示了南京文化的深层内涵和丰富魅力。

"睹乔木而思故家，考文献而爱旧邦。"我们希望通过这套"南京文献精编"丛书的出版，满足人民群众多层次、多方面、多样化阅读需求，打造代表新时代研究水平的高质量南京基础古籍版本，为推进中国式现代化南京新实践提供精神动力。

"南京文献精编"编委会

导　读

《金陵胜迹志》10卷,清末民初胡祥翰辑。

胡祥翰,字寄凡,上海人,方志学家。原籍安徽绩溪,胡澍后人,胡适族叔。室名岁寒堂。

民国年间,胡祥翰曾多次游历金陵。金陵历代文献浩如烟海,而专门记载金陵名胜古迹的书籍,在此之前,付诸阙如。作者有感于清朝金鳌《金陵待征录》近乎杂记,而王友亮《金陵杂咏》、陈文述《秣陵集》(又名《金陵历代名胜志》)等书又偏重于题咏,前来金陵访古览胜者没有合适的图书,于是花费多年的时间,编撰了这部作品。

从作者自序落款"民国十五年丙寅三月",可知该书至迟完稿于1926年农历三月。然而,几乎所有收藏单位都据此将该书出版时间定为1926年,甚至还有定为1921年的,其实谬矣。那么,究竟出版时间是哪一年?我们从《金陵胜迹志》封面隶书题签的落款——"戊辰皋月佛邪居士龙丁署"可以找到答案。"戊辰皋月",即1928年农历五月。因此可以断定该书出版时间在1928年之后。"佛邪居士龙丁"又是谁呢?他就是费砚(1880～1937年),字剑石,亦曰见石,号龙丁,别号佛邪居士。松江华亭人。光绪戊戌年(1898年)负笈东瀛,攻读数理及美术,归国后任教于广西测量学校。未几,返回故里,潜心金石书画与古物收藏,并广结诗朋文友、翰墨名家。工篆刻,能诗善画。有《瓮庐印存》。

《金陵胜迹志》的扉页有吴湖帆小篆题签。吴湖帆(1894～1968年),初名翼燕,后更多万,又名倩、倩庵,字通骏,别署丑簃,书画署名湖帆。江苏苏州人。擅长中国画。历任上海中国画院画师,上海美术学校、上海美术专科学校、浙江美术学院国画教师,上海大学美术学院副教授,中国美术家协会上海分会副主席。代表作有《梅景书屋画集》、《梅景画集》、《吴氏书画集》。

两位当时的名士分别为该书在封面和扉页题写书名,既说明了该书作者的地位,也体现了该书的价值。在《金陵胜迹志》每卷开头都署有"上海胡祥翰寄凡辑";正文结尾,标有"每部实价壹元伍角"字样,即每本售价银元壹元伍角。

胡祥翰还辑有《西湖新志》十四卷补遗六卷,民国十五年(1926年)铅印出版。撰有《上海小志》,由胡适作序,民国十九年(1930年)上海传经堂书店铅印出版;后经吴健熙标点,列入上海古籍出版社的"上海滩与上海人丛书",于1989年5月出版。编有《瞻园志》1册,民国三十一年(1942年)铅印出版;2006年9月广陵书社将其收入《中国园林名胜志丛刊》本影印出版。此外,还有《岁寒堂吟稿》。

细读《金陵胜迹志》，可以发现它有以下几个特点：

一、开创了用方志体例撰写旅游书的新形式

该书采用传统地方志的"横排纵写"方法，除了自序、例言和总目外，全书共分为六大类十卷，依次为城郭一卷（故城附）、山水六卷、寺观一卷、祠宇一卷、园墅一卷、陵墓一卷（附塔院）；然后每一大类按照城中、城东、城南、城西、城北的顺序，对名胜古迹逐一进行介绍。脉络分明，一目了然。

民国年间朱偰先生撰写的《金陵古迹图考》、当代季士家先生主编的《金陵胜迹大全》，与《金陵胜迹志》在体例上几乎是一脉相承，堪称《金陵胜迹志》的余绪。

二、采用了实地考察与文献资料相结合的新方法

作者在《金陵胜迹志·自序》中写道："余素好探幽胜，每至金陵，必携贾岛笻，蜡阮孚屐，寻遗躅，访故墟。凡崇山峻岭必登焉，云水烟波必泛焉；其历代宫殿之废基必考焉，神灵英杰之祠墓必谒焉；其故城废垒必览焉，先贤故里必访焉；其丛林古刹必入焉，残碑断碣必读焉；其高岩绝壑为古关隘之所、荒郊广野为古战斗之场必征焉吊焉。闻者采之，睹者记之。夜归旅邸，又不惮翻阅图经地志，博稽载籍遗编，不厌求详，一一印证，如是者有年矣。"从这段自述中，我们可以看到，该书是作者实地考察与文献资料相结合的产物。

三、保存了相当多的富有价值的珍贵历史资料

该书引经据典，旁征博引，有些史料已经散佚无存，如书

中反复引用的《金陵志地录》一书,就属于此类。而书中保留的许多史料令人耳目一新。

"春牛首,秋栖霞"是南京人岁时民俗中的一项重要活动,关于这一谚语的起源,一般认为是在1930年之前①。该书节录的清朝汪锡祺《栖霞山揽胜记》中,已写道"春牛首,秋栖霞"的民谚,说明这一民谚产生的时间可以上溯到清末。

观音门是南京明朝城墙的外郭城门,靠近燕子矶。关于观音门,只有少量的图片存世,文字史料少有记载。该书引用的阮宗瑗《游观音门谯楼记》写道:"门上谯楼甚隘,从磴道上,见楼有侧户,叩之,僧启扉迎焉。楼三楹,中供佛像,虚其左待客,其右即僧卧所。"可谓是复原观音门的一篇重要的历史资料。

关于鼓楼公园的起源,书中也有交代。南京鼓楼一直是南北交通要冲。民国年间,"即就鼓楼略事修葺,旁叠假山,间以树木。楼之西北隅,增建一亭,四无墙垣,游人可随意休憩。登楼远眺,江山如画,极游观之胜"。今天的鼓楼公园基本上保持了当年的格局。

作者在编撰该书的过程中,并不迷信古人,人云亦云,对于历史上的不同争议,常常是诸说并存,反映了严谨求实的治学态度。

关于东晋郭璞墓地和遇难地,《秣陵集》认为郭璞墓在玄

---

① 朱明娥:《南京民俗"春牛首,秋栖霞"起源考》,《南京晓庄学院学报》2011年第4期。

武湖中郭仙墩,遇难地在此不远处的南冈;《金陵杂咏》认为郭璞墓在玄武湖中郭仙墩,遇难地在武昌;《入蜀记》《方舆胜览》认为郭璞墓在镇江金山。作者认为,东晋郭璞墓地和遇难地是一个难以定论的问题,所以诸说并存,供后人研究。

值得注意的是,书中为了避清朝康熙帝爱新觉罗·玄烨、雍正帝爱新觉罗·胤禛、乾隆帝爱新觉罗·弘历和道光帝爱新觉罗·旻宁的名讳,书中对于玄、禛、弘、宁等字,均以元、正、宏、甯代替。如,玄武湖一律写成元武湖,王士禛往往写作王士正或王士祯,弘觉寺一律写作宏觉寺,弘农太守写作宏农太守、江宁一律写作江甯,反映了作者身处民国,犹以清朝遗民自居的情结。

由于时代的局限性,该书也有其不足之处。该书引经据典的时候,多用简称,如《建康志》《应天志》《盛志》《待征录》《吕志》《陈志》《佟志》《袁志》《一统志》《通志》《府志》《郡志》等等。其中有些书,如《建康志》《待征录》《应天志》《盛志》《吕志》《陈志》《佟志》《袁志》,我们可以分别对应宋朝周应合编纂的《景定建康志》,明朝礼部纂修的《万历应天府志》,明朝盛时泰撰写的《牛首山志》,清朝金鳌撰写的《金陵待征录》,清朝吕燕昭修、姚鼐纂《嘉庆江宁府志》,清朝陈开虞纂修的《康熙江宁府志》,清朝佟世燕修、戴本孝纂《康熙江宁县志》,清朝袁枚纂修的《乾隆江宁县志》;而另一些书,如《一统志》《通志》《府志》《郡志》,则让人颇费思量。如《一统志》,有《大明一统志》,也有《大清一统志》;

《通志》，有《康熙江南通志》和《乾隆江南通志》之别；《府志》就更多了；《郡志》是否指的是《元和郡县图志》？……别说是一般读者不知所云，即使是专业人员也是云里雾里。

当然，我们不应苛求于前人。总的来说，该书开创了撰写名胜古迹的新体例，采用了实地考察与文献相结合的新方法，保存了相当多的珍贵史料，对于研究上个世纪20年代南京的历史、人物、都城、寺庙、园林、墓葬和风土人情，都具有一定的参考价值。

本书以南京图书馆藏民国年间刻本为底本点校。原书为铅印本，竖书右读，每面15行，字迹清晰，印刷、校对质量堪称上乘。

卢海鸣

自序

金陵文獻之徵夙惟金鏊朱緒曾二賢是賴竊按金氏待徵錄考證雖近乎雜記
朱氏書多未刊聞有散佚餘若王氏金陵雜詠陳氏林陵集又皆偏於題詠而於名
勝舊迹皆無暇詳述覽勝者有遺憾焉余素好探幽勝每至金陵必攬賢島玿瓐院
乎殷蕁遺蹟訪故墟凡崇山坡嶺必登焉雲水煙波必泛焉其歷代宮殿之廢基必
考焉神龕英傑之祠墅必讀焉其故城廢壘必覽焉先賢故里必訪焉其戴林古刹
必入焉殘碑斷碣必讀焉其高巖絕壑爲古關澄之所荒郊廣野戰闘之場必
徵焉弔焉闃者采之夜歸旅邸又不憚翻閱圖經紀地志博稽載籍遺編不
厭求詳一印證如是者有年矣治後鐵道西指遊迤紀始盛過江名士靡不託與登
臨偶見拙稿粗成時有以付梓請者余重違其意遂將原稿及續行搜輯者勉爲整
理彙爲十卷具詳凡例若云繼武前賢則吾豈敢民國十五年丙寅三月胡祥翰

1926年铅印本《金陵胜迹志》书影

金陵勝蹟志卷一

上海胡祥翰寄凡輯

城郭　故城附

城周九十六里東連鍾山西據石頭南阻長千北帶後湖門九故十三門明初建城
惟南門大西水西因舊更名聚寶石城〔一名漢西〕三山自舊東門截漊爲城開
拓八里增建南門〔一曰通濟正陽〕自正陽而北建東門〔一曰朝陽自
鐘山之蠶圍繞而西抵覆舟山建北門一曰太平又西據覆舟雞鳴山緣湖水以北
至真濱山而西八里建北門二曰神策金川西北倚獅子山堆堞東西相望建門二
曰鍾阜儀鳳連瀆而南建定淮清涼〔一名清江〕二門以接舊西門濬閉鐘阜定
淮清涼金川四門〔金川今走火車〕順治十六年改神策爲得勝門以旌破海寇
功德兵梁爲鳳都以微策是年又築滿城於青溪之東起太平門沿舊皇城基
址至通濟門止二門以通出入爲八旗駐防兵屯紮之地江寧將軍開府於此又
有豐潤門通後湖江督端方奏開
明初又於城之四圍因山據險闢郭門十八東六門曰姚坊仙鶴麒麟滄波高橋雙
橋南六門曰上方夾岡鳳臺馴象大安德小安德西南二門曰石城關江東北四門

自　序

　　金陵文献之征，夙惟金鳌、朱绪曾二贤是赖。窃按金氏《待征录》，考证虽博，近乎杂记；朱氏书多未刊，间有散佚。余若王氏《金陵杂咏》、陈氏《秣陵集》，又皆偏于题咏，而于名胜旧迹皆无暇详述，览胜者有遗憾焉。余素好探幽胜，每至金陵，必携贾岛筇，蜡阮孚屐，寻遗躅，访故墟。凡崇山峻岭必登焉，云水烟波必泛焉；其历代宫殿之废基必考焉，神灵英杰之祠墓必谒焉；其故城废垒必览焉，先贤故里必访焉；其丛林古刹必入焉，残碑断碣必读焉；其高岩绝壑为古关隘之所、荒郊广野为古战斗之场必征焉吊焉。闻者采之，睹者记之。夜归旅邸，又不惮翻阅图经地志，博稽载籍遗编，不厌求详，一一印证，如是者有年矣。迨后铁道西指，游迹始盛，过江名士，靡不托兴登临，偶见拙稿粗成，时有以付梓请者。余重违其意，遂将原稿及续行搜辑者，勉为整理，厘为十卷，具详凡例。若云继武前贤，则吾岂敢！民国十五年丙寅三月胡祥翰。

例　言

　　六朝建业、南唐西都、洪武应天，虎踞龙蟠，冠映今古。昔人撮奇标胜，称金陵四十景，名迹之夥，宜有专书。爰仿毕氏《关中胜迹图志》、曹氏《舆地名胜志》、陈氏《江城名迹》，分门记载，勒为一编，补郡邑志所未备。

　　分门凡六：曰城郭，曰山水，曰寺观，曰祠宇，曰园墅，曰陵墓。其他名胜古迹，类多依山傍水，故凡无类可归者，分附山水一门。

　　城中、城东、城南、城西、城北，分为五路，各门依路顺序，故以城郭一门居首，为各门之眉目。

　　勺水拳山，古人命名必有取义。或为形肖，或以人传，因名覈义，不厌求详。但于古无征则义从盖阙，不敢臆说传会。

　　南朝寺观甲天下。是编于历代敕建及古德高真阐道栖息之所，固必大书特书。他若创始有奇缘，开山有实行，或能便利行旅、点缀名胜者，间亦酌采。至私创庵院，书不胜书，概从省略。

　　祠墓园墅，以当今保存或遗址可寻者为断。若旧籍偶见，今难指实，恐徒增迷眩，故不复采载。

　　艺文仿范氏《吴郡志》、康氏《武功志》例，散附各门，便

1

省览。

　　各门采录,亦仅就故籍所载、山屐所经者,撮拾成书,遗漏谬误,自所不免。纠而正之,是所望于后之秉笔者。

总　目

1

卷九

卷十

卷　一

城　郭 <small>故城附</small>

城周九十六里，东连钟山，西据石头，南阻长干，北带后湖，门九。故十三门，明初建成，惟南门、大西、水西因旧，更名聚宝、石城（一名汉西）、三山。自旧东门截濠为城，开拓八里，增建南门二，曰通济、正阳（一名洪武）①；自正阳而北建东门一，曰朝阳；自钟山之麓围绕而西，抵覆舟山，建北门一，曰太平；又西据覆舟、鸡鸣山，缘湖水以北至直渎山而西八里，建北门二，曰神策、金川；西北倚狮子山雉堞，东西相望，建门二，曰钟阜、仪凤；迤逦而南，建定淮、清凉（一名清江）二门，以接旧西门。清闭钟阜、定淮、清凉、金川四门（金川今走火车）。顺治十六年，改神策为得胜门，以旌破海寇功。<small>总兵梁化凤出此门以破海寇，改曰得胜。</small><small>今仍呼曰神策。</small>是年，又筑满城于青溪之东，起太平门，沿旧皇城基址，至通济门止，门二。门以通出入，为八旗驻防兵屯扎之地。江宁将军开府于此。又有丰润门，通后湖，江督端方奏开。

明初，又于城之四围，因山据隘，辟郭门十八。东六门，曰姚坊、仙鹤、麒麟、沧波、高桥、双桥；南六门，曰上方、夹冈、凤

---

①　洪武门是明朝皇城的正南门，正阳门是明朝京城城门，在洪武门外。两者不是一回事。

台、驯象、大安德、小安德；西南二门，曰石城关①、江东；北四门，曰外金川、佛宁、观音、上元，周一百八十里。仅立标识，而未及起筑，即迁于北。至今冈阜络绎，俗呼为土城头者以此。

故　城

越　城

金陵之有城自越城始。《建康志》：《宫苑记》，周元王四年，越相范蠡筑，一名范蠡城。《郡国志》云东瓯越王所立。《六朝事迹》：《图经》云在秣陵县长干里，今聚宝门外江宁县丞署后，其遗址也。王友亮《越王城》：岁星在越不可图，转祸为福才须臾。美人一入麋鹿俱，席吞三江襟五湖。更思耀武潇湘区，崇墉屹屹余规模。鸱夷去矣文种诛，谋楚那得如谋吴。

石头城

简称石城，在石头山（即清凉山）。后汉建安十七年，孙权建。相传武侯至吴，驻此以观形胜，谓"钟山龙蟠，石城虎踞"即此。北缘大江，南抵秦淮口，六朝以来皆守此为固。李莲《石城》：晋代衣冠空薜萝，石城埤堄尚峨峨。镇雄江汉山增险，藩撤孙吴水不波。混一方知臣力瘁，忧危孰料女戎多。废兴堪下千秋泪，若问浮名心已磨。　陈文述《诸葛武侯驻马坡》：石头城上翠屏颜，虎踞龙蟠在此间。形胜旧传三国志，风云常护六朝山。登高感慨谁知己，揽辔澄清亦等闲。天遣艰难定西蜀，峨嵋②万里隔秦关。　孙星衍《石城》：百战江山越霸基，崭岩虎踞瞰汤池。须知一片降帆出，不及归舟载石时。　张文虎《石城山》：远接钟山势，巍巍气郁森。伏龙曾至此，驻马一登临。建业降幡乱，长江铁锁沉。石头顽未解，虎踞到如今。

白下城

《金陵志地录》：白下，陈文述据《宋书》以为白门，误矣。白

---

① "石城关"的"关"疑为衍字。
② 峨嵋：应为"峨眉"，即峨眉山。

门,古宣阳门,乃台城外门。刘叔向《白下桥记》谓白石垒下。《读史方舆纪要》言今靖安镇即城基。胡三省《通鉴注》:盖即今之龙湾。

台　城

《江宁府志》:本吴后苑城,即宋建康宫城。宋、齐、梁、陈皆因为宫。与鸡鸣山相接。《同治上江两县志》案:台城之址,今颇难考。《通鉴》:隋伐陈,贺若弼进至乐游苑,烧北掖门。北掖门,台城北门名也。据此,则乐游苑在台城外可知。《寰宇记》谓台城在覆舟山南,则台城当更向南,其不得北据鸡笼可知。鸡鸣寺后之城,乃是明扩都城时所遗,俗呼曰台城。观此,则台城基址似又难确定其所在矣。　吴伟业《台城》:形胜当年百战收,子孙容易失神州。金川事去家还在,玉树歌残恨未休。徐邓功勋谁甲第,方黄骸骨总荒邱。可怜一片秦淮月,曾照降幡出石头。　王士禛《台城怀古》:覆舟山畔古台城,故垒参差触目惊。蔓草萦烟野萧瑟,寒禽将子水纵横。紫云黄鹄符终验,白马青丝谶义成。千载华林宫馆路,清明时节野棠生。

皇　城

一称明故宫,在朝阳门内,明太祖所建也。《金陵览古》:明太祖定都金陵,命刘基卜新宫钟山之阳,在旧城东白下门二里,曾筑新城,其南与正阳门对,曰洪武门。内承天门,内端门。左东长安门,右西长安门。承天门之前东近北曰东华门,内东上南、东上北门。西近北曰西华门,内西上南、西上北门。子城即紫禁城,其中曰午门,左左掖,右右掖门,东东安,西西安,北北安。午门内,奉天门左小门东角,右小门西角,东角南左顺殿曰文华,西角南右顺殿曰武英。奉天门内奉天殿,殿东文楼,殿西武楼,殿左中左门,殿右中右门,殿后华盖殿,次谨身殿,次乾清宫,次坤宁宫。宫左柔仪殿,宫右春和殿。洪武元年十一月,复建大本堂于宫城内,为教授太子之处。《江宁府志》:午门内有高墙,依墙有废址,为文华、武英殿基。又面墙十余丈为五凤楼。《白下琐言》：昔之五凤楼、文华、武英等殿基，不过指识其处而已。惟正殿云龙皆石——可考。清即为驻防城，城于民国六年隓[1]，存者仅数门耳。《荷香馆琐言》：明皇城砖皆有窑匠某、造砖人夫某、总甲某、甲首某、小甲某及某府提调通判某、某县提调县丞某等阳文，其字有甚工者，今鸡鸣寺砌路之砖大半此物。丙午午月，与常州同宗孟舆孝廉偕游此寺，剔泥细视，多武昌府、安庆府提调等字，盖明初各省派官监造者，可见工程之巨矣。余曾得字画最精者二，寄存钵山图书馆。

虎口城

《同治上江两县志》：在新河路。即上新河。《方舆纪要》：明太祖筑，以备陈友谅者。

天保城

在钟山西峰。《曾文正公祠百咏》：贼筑坚垒于钟山，谓为天保城。农会造林场在此。山之西北麓，尚有地保城，形势亦甚险要。保一作堡。

---

① 隓：疑为"堕"，毁坏。

卷 二

山水一

城中路

龙广山

在朝阳门北,一称龙尾,为历代战争之所。《钟南淮北区域志》:同治三年六月,曾忠襄公国荃用地道轰城,蚁附齐上,俗呼为龙膊子者是也。民国辛亥、癸丑两役,而龙尾坡攻击所萃,被灾尤剧。

白下门

即白下城之东门。荆公《东门》诗有"东门白下亭"之句。参寥《访荆公》诗曰:"苦嫌荣禄早抽身,归与渔樵共隐沦。白下门西山迤逦,兴来长是岸乌巾。"徐师川诗曰:"广陵才过又金陵,白社还思白下亭。雁翅水连千里浪,峨眉山出两峰青。"正谓此也。

半山亭

《舆地纪胜》:在上元县东北王安石故宅。由城东门至蒋山,此为半道,故名。元丰七年,安石请舍为寺,赐额"报宁",故今亦名半山寺。明时皆入禁中。庭有双桧,相传为荆公手植。清陶文毅公重建,咸丰癸丑毁于兵。同治间,魁果肃公以江宁留守始即故址而复兴之。宣统间端忠愍重修。俞明震《游半山亭》:偶然占一壑,事过如秋烟。如何此亭名,千秋惟公专。后人惜古意,添筑屋数椽。上结云作顶,下借石为阑。渡叶宁知数,藏山无碍宽。一朝掳兵火,瓦落如奔泉。凄凄雾中眼,误作台城看。此邦多丧乱,好春无百年。幽草胜花时,此恨公能传。我身如独树,不死常兀然。不见绿阴底,破网蛛丝牵。洁身远蚯蚓,那复计孤悬。 罗惇曧①《半山寺即荆公舍宅》:乱栽花竹公归处,舍宅千秋媵此堂。髡柳尚欺含雨翠,万荷齐柄远风香。争墩转益林泉趣,补屋宁知草树荒(自注:陶斋补亭今渐就荒)。更策疲驴冲潦去,钟山一角坐招凉。

谢公墩

在半山亭里许,有石阜隆起,相传为谢公墩。谢安与王羲之尝登此。或又谓旧名康乐坊,因谢玄封康乐公,至孙灵运犹袭封,所谓谢公墩者盖玄及其子孙所居也。王安石《谢公墩》:我名公字偶相同,我屋公墩在眼中。公去我来墩属我,不应墩姓尚随公。

按:谢公墩有二,一在冶城山北(见后),而此最有名。

覆舟山

在太平门内。《建康志》:周三里,高三十一丈,状如覆舟,因名。宋元嘉中,名元武山②。陈大建中,亦名龙舟山。山东麓名东陵,并为要隘。

鸡笼山

《舆地志》:在覆舟山西二百余步。《建康志》:高三十丈,周十里。《寰宇记》:西接落星冈,北临栖元塘,状如鸡笼,因名。宋元嘉中,黑龙屡见元武湖③,此山正临湖上,改曰龙山。齐武帝射雉钟山,至此闻鸡鸣,故亦称鸡鸣埭。元至正元年,山椒筑观象台,置仪表。明改为钦天,故又名钦天山。仪器今在北京中央观

---

① 罗惇曧(1872~1924),字孝通,号以行,又号瘿公。广东顺德人。晚清名士。
② 元武山:即玄武山,今小九华山。为避清乾隆名讳改玄为元。
③ 元武湖:即玄武湖。

象台。山上旧有涵虚阁、望湖亭;山半有横岫阁,俱久圮。光绪戊子,江宁藩司奉新许公重建,以复旧迹。山多石骨,道光中陶文毅公种松万株,弥满山下,今所存者仅山南九眼井旁一株耳。

王士正①《游鸡鸣山乌龙潭诸胜记》(节录):康熙甲辰六月闰立秋,酷暑二十日稍凉,遂发兴寻鸡鸣山、乌龙潭诸胜。饭后,循秦淮,过覆舟山,陈霸先与高齐大战即此地也。山连钟阜之尾,西接鸡鸣,台城逶迤,介两山之间,下为白门,登鸡鸣寺,下瞰台城,俯临十庙,原野萧瑟,林木苍凉,悲风卷蓬,西日欲匿。寺始于晋永康间,即南宋雷次宗开馆,齐竟陵王子良抄四部书处。齐武帝射雉钟山,至此闻鸡鸣,故又称鸡鸣埭矣。礼志公像,登塔望后湖,湖亦号昆明池,故明贮天下版籍之所。今网罟勿禁,夕阳颓澹,野水纵横,中惟荷叶,田田千顷,凫鹥将子,十百成群,喋喋波间而已。十庙皆在山麓,帝王庙尤荒阒。童监数人,眠于莽路;羸马脱羁,龁草阶下。为太息久之。 吴伟业《观象台》:候日观云倚碧空,一朝零落黍离同。昔闻石鼓移天上,今见铜壶没地中。黄道只看标北极,赤乌还复纪东风。郭公柱自师周髀,千尺荒台等废宫。 孙星衍《鸡笼山》:四陵北去一成山,塔影湖光尽日闲。儒馆倾颓文物尽,痴云只解护禅关。

甘露井

在鸡鸣寺施食台下,其石表为宋金华书。相传地为古战场,元时刑人于此。明洪武二十年,建鸡鸣寺,敕迎西番僧惺吉坚藏等七人,取水结坛,施食以度幽灵,故井以甘露名。石表现在古物保存所。

燕支井

一名景阳井,又名辱井,在台城内。陈后主与孔贵嫔、张丽华俱入井,隋军出之。其井有石栏,上多题字。《金陵志地录》:《景定志》云在台城法宝寺。黄履、周沨有《永庆寺观陈井》诗。

① 王士正:即王士禛,又作王士祯。

《曾巩录》又言兴严寺。钱竹汀谓此为足据。而《应天志》则言在卢妃巷。顾文庄云在红花地。据《纲目》质实,似应从《景定志》。旧谓井栏石脉,以帛拭之,作燕支痕,故名。道光中,住持僧脱颖按志寻得,树栅护之,题名于上。舒位《胭脂井》：景阳楼外树栖鸦,肠断银床一抹霞。挈谷未为长夜饮,隔江已唱后庭花。六宫秘计生同穴,九地游魂死恋家。失笑天明茅经在,辘轳惆怅子阳蛙。　袁枚《景阳井》：华林秋老草茫茫,谁指遗宫认景阳。当日君王纵消渴,井中何处泛鸳鸯。

鸡鸣泉

鸡笼山麓,有泉泠然,味清冽,明盛时泰有赞。

覆舟池

顾文庄曰：鸡笼山后,沿小径而入,萝木蒙翳,初入无有,豁然开朗,别一世间。池数十亩,旁植杨柳,中种荷芰,水田村舍,仿佛桃源。

祇阇山

鸡笼山分支也。两山对峙,由山峡北行,有胥家大塘等地,道光中,郡人蔡太仆世松筑晚香堂于此。

北极阁

在钦天山前。殿供真武像,唐吴道子画。咸丰兵燹,阁毁。光绪戊子重建。刘葆真《上元钦天山北极阁记》（节录）：咸丰癸丑之变,阁荡然矣。光绪戊子,奉新许公藩江宁之二载,度山程材,规观象台旧址为阁,阁左立十庙,稍出入明祀典,右祀陶通明先生。阁后曰旷观亭,亭出霞表。左楼曰望湖,右曰涵虚阁。前东西楼掎角相应,曰阆风、齐云。四楼仍齐梁间名也。十庙更东隙地,构室三,曰天池小艇。其东南隅,俯鸡鸣寺为亭,曰横翠。规既定,授之候补知县。姚德钧董其役,凡七阅月,阁之役蒇。　徐虁《登北极阁》：杰阁高空近玉京。凭栏一望起秋声。龙蟠虎踞兴亡地,白石清江过客情。岂有占星周内史,更无绵蕝鲁诸生。由来陵谷随时异,满目寒云下古城。　冯煦

《同蘋湘漱泉登北极阁》：层云白昼暗，虚阁气萧森。瘦马栖残碣，枯鹰下远林。湖光千顷合，野色一城阴。十庙今墟莽，临风感不禁。　吴学廉《丙午九日北极阁登高》：龙虎山城拥壮图，金陵从古帝王都。江流东去英雄尽，秋色西来风景殊。九日登临宜旷快，百年往复足嘻吁。关河自有无穷事，独恨乾坤一腐儒。

六朝松

在高等师范学校。陈三立《六朝松》：依山广厦步寒晴，访旧余飞鹊笑声。重抚孤松人世改，不成龙去亦偷生。

按：栖霞寺前亦有六朝松（见后）。

旷观亭

在北极阁后，清康熙二十三年，圣祖南巡幸此，御书"旷观"二字，勒碑建亭。咸丰间毁，同治十年重建。登此一览，金陵大势，尽在目中矣。

万寿阁

在御碑亭左。康熙二十八年谕免房税，万民感德，伐石立碑，恭纪其事。今废。

钟亭

在北极阁旁。本名倒钟厂，有巨钟二，一立一卧。相传为明太祖之景阳钟。立者为粤匪所毁。光绪中，许方伯振祎①以起重机起其卧者，筑亭覆之，人呼为大钟亭。门首题"元音再起"四字。

鼓楼

在北极阁西山坡上，明洪武十五年建。以鼓报昼夜时刻，明都城之规制也。清康熙初，立圣祖戒碑于上，故又名碑楼。

---

① 许振祎：原文误作"许振祎"。现据《清史稿》改。

其下如城阒，省会南北之要冲也。上层后祀关壮缪。登高四眺，城郊全景在目。俞樾咏此云："一层甫及上，万象俄已收。努力更跻攀，空阔穷双眸。"却有此情景。今已开放。参看《园墅·鼓楼公园》。 姚文枬《辛亥重九登鼓楼骋怀》：何处眺神州？九日登高上鼓楼。虎踞龙蟠天下胜，青山红树眼前秋。不知世局古今换，但见长江日夜流。浊酒且浇胸块垒，奚须完缺问金瓯？

耆阇山

在神策门内，即今城址所据冈阜是也。旧有耆阇寺，故名。

狮子山

在仪凤门。苍翠玉立，林樾蔽天，有建瓴之势。凤立营寨于此。《建康志》：周十二里，高三十六丈。晋元帝初渡江，此尽为虏寇所有。以其山连石头，开凿为固，以比北地卢龙，故又名卢龙山。《江宁府志》：山首突出城堞，明太祖尝伏兵大破陈友谅于山下。旧志称明初建阅江楼于山巅，宋濂奉敕撰记。按明太祖所制《阅江楼记序》，则楼不果建，特敕儒臣撰记耳。山上旧有卢龙观，今圮。顾湄《阅江楼》：万里长江一望收，高皇亲建阅江楼。云开蓬岛星河曙，月出卢龙天地秋。碧草自生宫寝路，青山仍绕帝王州，凭君莫问当年事，禾黍同归六代愁。 孙星衍《狮岭》：卢龙山险狮峰接，老鹳河惊鹤唳频。三宿崖前公弼住，南朝此际竟无人。

归云堂

在仪凤门内。明末黄山孙鼎隐此，书"盘谷"二字，故亦称小盘谷。丛桂甚茂。梅曾亮《游小盘谷记》：江宁府城，其西北包卢龙山而止。余尝求小盘谷，至其地，土人或曰无有。惟大竹蔽天，多歧路，曲折广狭如一，探之不可穷。闻犬声，乃急赴之，卒不见人。熟五斗米顷，行抵寺，曰归云堂，土地宽舒，居民以桂为业。寺旁有草径甚微，南出之，乃坠大谷。四山皆大桂树，随山坡陀，其状若仰大盂，空响内贮，罄欬不得他逸。寂寥无声,而耳听常满。渊水积焉,尽山麓而止。由寺北行,至卢龙山,其中坑谷洼隆,若井灶龈腭之状。或曰:"遗老所避兵者,三十六茅庵,七十二团瓢,皆当其地。"日且暮,乃登山循城而归。暝色下积,月光布其上,俯视万影摩荡,若鱼龙起伏波浪中。诸人皆曰:"此万竹蔽天处也。所谓小盘谷,殆近之矣。"

陶　谷

在仪凤门内西北隅。陶宏景[①]隐此,故名。山平地幽,林壑深美,有古梅一株,传系先生手植。

四望山

在定淮门内。《建康志》:周三里,高十七丈。《寰宇记》引《南徐州记》:临江有四望山,吴大帝尝与仙者葛元[②]共登陟之。山势嵂绝,足供远眺,故名四望。其侧有栖贤山、彭庵山、砖冈、李家冈,并俗名。王友亮《四望山》:西风四起雁嗷嗷,佳节登临未觉劳。斜日自寻江口下,乱山争向石头高。渐知落叶妨游屐,且喜寒花侑浊醪。莫倚刘郎佳咏在,探珠甲爪亦能豪。

马鞍山

在定淮、清凉两门之间,高八十五丈,以形似得名。其山幽阻深靓,遗世之士,兹焉托足,精蓝梵宇,盛时盖七十余所,钟磬鞀鞈,时出松涛竹浪中,有匡庐竹隐意,故世名小匡庐。

按:城北路亦有马鞍山(见后)。

清凉山

在水西门内东北隅。古无此名,后乃因寺名之,实即石头山也。《江宁府志》:自江北而来,山皆无石,至此山始有石,故

---

① 陶宏景:应为"陶弘景"。
② 葛元:即葛玄。

名。地势迥旷，堪骋遐瞩。城阃烟树，幂屪万家。城外江光一线，帆樯隐隐可辨。江北诸山拱若屏障，登眺之胜，甲于诸山矣。山下有清凉古道坊。冯煦《金陵纪游》（节录）：城之西北有清凉山，去妙相庵四里许。披榛芜行，菜畦麦陇，疏密相间。野塘三五亩，凫凫游泳其际。白日既匿，萧寥无人。丛萝幽筱，凄神寒骨。冈峦起伏，或蹲或奔。山下破寺一区，为梁武避暑地。寻僧问涂，睨①相顾，如麛鹿之不可接。一径幽峭，雨后苔藓合沓，几不可步。其上有亭，曰翠微，高宗南巡时所书也。亭耸然起，高凌天风，春树万家，皆在其下。大江滚滚，上京口去，萦抱三面，形如破环。风帆几点，出没颓城断堑间。时有墟烟缕缕，与云波相吞吐。隔江诸山，峚峗细青并一气。予与漱泉坐磐石上，憺焉忘归。暮色苍茫，自远而至，乃寻樵径东下，谷口风回，若相送然。　郑孝胥《九日独登清凉山》：科头直上翠微亭，吴甸诸峰向我青。新霁云归江浦暗，晓风浪入石头腥。忍饥方朔非真隐，避地梁鸿自客星。意气频年收拾尽，登高何事叩苍冥。

翠微亭

在清凉山巅，即南唐清凉台故址。林逋有诗云："亭在江干寺，清凉更翠微。"乾隆十六年，御书"翠微亭"额。咸丰间毁。同治间重建，又圮。张文虎《翠微亭》：翠微亭子石城边，磴道荒芜屡折旋。绕郭江流似腰带，照人山色皆童颠。感怀朋旧卅三载，坐阅兴亡七百年。漫问南朝故宫阙，几家庐舍见炊烟？

扫叶楼

在清凉寺，即半亩园遗址。旧志：国初扫叶僧居之。然僧乃龚半千托迹，绘一僧持帚，作扫叶状耳。见卢雅雨说。咸丰间毁。光绪辛丑，僧寄禅重建，助资者为郭月楼、刘彝廷。民国甲寅，马倞卿、仇徕之重修。洪亮吉《扫叶楼赞》：万树蔽谷，朝曦不通。青苔缘

---

① 睨：通"愕"。

阶,直至阁东。僧饭一盂,案有鸣虫。秋燕睨之,低飞竹丛。谁开西窗?天风扫空。 黄鼎《登扫叶楼》:登楼眼界有余清,僧去犹存扫叶名。满地积阴幽树合,一江空翠远山横。梵音禅寂关诗思,云影钟声淡客情。记取枫丹好时节,巾车还过石头城。 陈三立《陶斋尚书酒集扫叶楼遂同登翠微亭》:岩腰车骑绕楼台,贪认前朝听呗来。两色晴光荡城郭,湖荷江柳照尊罍。孤亭摩碣龙蛇动,万绿浮天雁鹙猜。宇宙此山身是寄,奇怀收入野僧陪。

还阳泉

《散原精舍诗集》:清凉寺旁还阳泉,相传久饮鬓发不变,寺僧以此泉烹茗饷客。

江光一线阁

在清凉山。《白下琐言》:轩窗三面,长江匹练,宛在几席。王梦楼、姚惜抱、孙伯渊诸人皆有题咏。西城登眺之胜,无逾于此。今圮。孙星衍《江光一线阁次姚比部韠韵》:翠微一径入云斜,极目东南未有涯。江水白添连夜雨,岭梅红似半天霞。何年兰若迷陈井,终古青山属谢家。过眼韶光天爱惜,春寒留住十分花。

乌龙潭

一名小西湖。旧说晋时有乌龙见,故名。《中国一统志》[①]:在上元县北。《建康志》:水旱祈祷屡应。旧志:近清凉虎踞关,潭中夏日多荷,西岸皆园亭,唐颜鲁公置放生池于此。《盋山志》:明潘之恒尝言"潭深莫测,广百余寻,长竟三里"。光绪七年,桑根[②]先生言之总督刘坤一,于水涸浚之,计工凡二万有奇,潭乃免湮废。秦际唐有记。王士正《游鸡鸣山乌龙潭诸胜记》(节录):小憩灵应观,坐道士南轩,潭影山光,濛濛一碧,芰荷杨柳,上下俱绿。潭上旧多名士,唐宜之、丁

---

① 《中国一统志》:无此书。疑为《大清一统志》。
② 桑根:薛时雨,字慰农,号桑根老人。安徽全椒人。近代诗人。官至杭州知府,兼督粮道,代行布政、按察两司事。

菡生之流皆居此。　郑孝胥《雨中宿子朋斋临乌龙潭》：幽人默相感，冲雨命篮舆。树暗城西路，云深水北居。添衣携短褐，共饭洗芳蔬。庭鹤声谁警，潭龙气自嘘。对眠清榻冷，立语暮钟疏。世事堂堂夕，山中梦熟初。

浙江烈士祠

在乌龙潭东南，祀光复之役死于国难者。入门有碑亭，碑阴列有诸烈士姓名，旁有楼台可眺览。

蛇　山

在乌龙潭西。因山宜茶，亦名茶山。

惜阴书院

龙蟠里四松庵，旧名盋山园。陶文毅公爱其面对方山、天印，极登眺之胜，建印心石屋，命工勒碑，改名博山园。复仿西湖诂经精舍，创惜阴书院，延请山长，专课经解诗古文词，而剬其先桓公像于石祀焉。今改江苏省立第一图书馆。

钵　山

一名盋山。在清凉山南，以形似得名。乌龙潭一泓近在抱中，前冯蛇山如几，西偏坡陀尽处，倚石头城垣，迤东势渐夷。山径四达，登眺甚便。

余霞阁

在钵山。磴道左右，有古松四，夭矫腾挐。胡太守钟以四松庵表其门，至今尚存。梅曾亮《钵山余霞阁记》：江宁城，山得其半，便于人而适于野者，惟西城钵山。吾友陶子静偕群弟读书处也。因山之高下为屋，而阁于其巅，曰余霞，因所见而名之也。俯视花木，皆环拱升降。草径曲折，可念行人若飞鸟度柯叶上。西面城，江自南而东，青黄分明，界画天地。又若大圆镜平置林表，莫愁湖也。其东南万屋沉沉，炊烟如人立，各有所企，微风挠之，左引右抱，绵绵缊缊上浮，市声近寂而远闻。甲戌春子静觞同人于其上，众景毕现（下略）。

龙蟠里

在盋山前。西直城垣。有甓门，榜曰古龙蟠里。虎踞关山径直其东。在盋山北不足二里许，有甓门。相传昔诸葛武侯与吴主权论建都形势，曰："钟山龙蟠，石城虎踞。"故名。今立石曰"诸葛武侯驻马处"即此，故其地又曰"驻马坡"。其事或据史志出入之。

落星冈

《建康志》：城西北九里。吴时星落，故名。《通鉴》：陈霸先讨侯景于石头西落星冈，筑栅。胡注：石头城西有横陇，谓之落星冈，亦名落星墩。《吕志》①称落星山，误。

五台山

在汉西门内乾河沿侧。山椒有关庙，土人祈祷拈香，甚形热闹。山中有西侨住屋多所。

蛾眉岭

俗呼红土山，在五台山西。

小仓山

在清凉门内。《待征录》：南唐时建仓其上，故名。清袁枚隐于此山下，有井铭。详《江宁金石记》。

案：太平门外岔路口有仓山，即《吕志》所指为覆舟山者②，故此或以小名耳。又案：花盝冈为明屯粮之所，亦有仓山之名（见后）。

清风榭

小仓山永庆寺左有清风榭，望之初不见屋宇，陟数十级，豁

---

① 《吕志》，即清朝吕燕昭修、姚鼐纂《嘉庆江宁府志》。
② 覆舟山在太平门内，与太平门外仓山无关。

然开朗，别有洞天，修廊曲榭，境极幽闃。旧有额曰"地因楼胜"，俗称地楼，花木最盛。孙渊如有《题地楼夜集图》。楼供文昌像，旁配张仙，求嗣者花时作张仙会，今废。

冶城山

在汉西门内，吴为冶城。吴时鼓铸之所。以为孙权所筑，或仍夫差之旧，未可知也。山之名，以此在朝天宫后，亦称宫后山，又名红土山。此别一红土山。北有谢公墩。《世说》：谢太傅登冶城，悠然远想，有高世之志，故名。李白诗"冶城访古迹，犹有谢公墩"指此。《舆地纪胜》：嘉定中，制帅黄度即冶城山建冶城楼，为一郡登览之胜，久圮。

飞霞阁

《舒艺室诗存》：在朝天宫大殿左，仅存墙壁薨橑。近议于宫址改建郡学，廖君实总其事，因修葺之，以息司事者。

松蝉亭

在冶城山。陈三立有《陶斋尚书招游松蝉亭》诗。

凤台山

在聚宝门内，亦名凤凰山。宋元嘉十六年，有三鸟翔集此山，状如孔雀，文形五色，音声谐和，众鸟群集，乃置凤凰里，起台于此，故名。台极壮丽，旧在城外，凭临大江。明初始围入城内①，而江流亦徙去。凤去台空，江亦远流，近于土中得《重修凤凰台碑记》，为雍正间德化黄光夏撰文，有"台不得与黄鹤楼并存"一语，惜仅存上半，不能窥其全文矣。何子贞《金陵杂述》：西园凤凰台一带，残败最甚。

---

① 明初始围入城内：此语有误。实际上凤台山在南唐时已围入城内。

按：鸡笼山后亦有凤凰台，其命名之意未详。

花盝冈

高踞风台山之巅，形隆而长。一名仓山，明骁骑卫屯粮之所也。俗呼仓顶，又名伏龟山。山昔有楼，亦曰伏龟。金陵之山，土色红赭，东城赤石矶、西城虾蟆石及兹冈皆然，故陶官尝设于是。

马湘兰故居

金陵妓马湘兰，名守贞，字元儿，小字月娇。工诗，善画兰。居秦淮胜处。有诗二卷，王稚登为之序。汪中《经旧苑吊马守贞文并序》：岁在单阏，客居江宁城南，出入经回光寺，其左有废圃焉。寒流清泚，秋菹满田，室庐皆尽，惟古柏半生，风烟掩抑，怪石数峰，支离草际，明南苑妓马守贞故居也。秦淮水逝，迹往名留，其色艺风情，故老遗闻，多能道者。余尝览其画迹，丛兰修竹，文弱不胜，秀气灵襟，纷披楮墨之外，未尝不爱赏其才。怅吾生之不及见也。夫托身乐籍，少长风尘，人生实难，岂可责之以死，婉娈倚门之笑，绸缪鼓瑟之娱，谅非得已。在昔婕好悼伤，文姬悲愤，矧兹薄命，抑又下焉。嗟乎！天生此才，在于女子，百年千里，犹不可期，奈何钟美如斯而摧辱之至于斯极哉！余单家孤子，寸田尺宅，无以治生，老弱之命，县①于十指，一从操翰，数更府主，俯仰异趣，哀乐由人。如黄祖之腹中，在本初之弦上。静言身世，与斯人其何异？只以荣期二乐，幸而为男，差无床箦之辱耳。江上之歌，怜以同病，秋风鸣鸟，闻者生哀，事有伤心，不嫌非偶。（词略）

南　冈

在聚宝门内东南隅，即今蟒蛇仓石观音院地。为六朝士大夫萃聚之所，后有周处读书台。杜诏《周处读书台》：台发尚遗址，荒荒宿草中。在朝能独立，致命见孤忠。始信读书效，因高力战功。斩蛟与射虎，未足号英雄。

---

①　县：通"悬"。

秦 淮

《舆地志》、《丹阳记》诸书皆言秦始皇用望气者言,凿方山,断长垄,以泄王气,导淮水入江,是为秦淮之始。城内之水,以此为纲。惟河狭而水盛,左右居民,倾注秽物,故水甚浑浊。文德桥至大中桥两岸,楼台倒影,树木扶疏,每值夏令,画舫往来,笙歌盈耳。有《秦淮画舫录》刊行。其附近为钓鱼巷,旧名手帕巷,妓寮在焉。贺铸《秦淮夜泊》:官柳动春条,秦淮生暮潮。楼台见新月,灯火上双桥。隔岸闻朱箔,临风弄紫箫。谁怜远游子,心旆正摇摇。 万鹗《秦淮怀古》:回首中原接战尘,但夸天堑复无因。阿谁肯堕新亭泪,有客犹寻旧院春。会冠莲台王学士,名喧桃叶顾夫人。蛾眉前后皆奇绝,莫怪群公欠致身。 何绍基《秦淮河》:沿河不见柳丝摇,步向青溪长板桥。丁字帘前犹仿佛,更谁闲话到南朝(自注:秦淮河惟长板桥尚在)。 李佳《秦淮竹枝词》:郎家近住东关头,妾住秦淮河上舟。何当一夜东流水,流到郎家更不流。桃叶渡头有酒沽,饮之不尽醉千壶。阿侬只爱秦淮水,有人恰誉莫愁湖。 薛时雨《秦淮曲》:二十年前梦,繁华不可追。秦淮无故迹,明月是秦时。

按:秦淮源流,详载邑乘,兹志胜迹,仅叙其胜概,下皆准此。

桃叶渡

相传晋王献之迎妾桃叶渡江处。其地昔在秦淮利涉桥,今移于淮青桥、利涉桥之间。《秣陵集》:郡志以晋王渡江处为桃叶渡。按:此童谣之类,不得以桃叶山为桃叶渡。《池北偶谈》:钟伯敬于渡头遍植桃花。徐渭《桃叶渡》:书中见桃叶,相忆不死。今过桃叶渡,但见一条水。忆渡桃叶时,绿杨娇粉面。丈水五石泥,好影照不见。 黄协埙《寻桃叶渡故址》:旧游如梦复如尘,携屐重来蹋绿茵。向晚雨丝风片里,有人闲话六朝春(六朝春:茶肆名)。心字湖中暮蔼微,淮青桥外荡舟归。欲从渡口寻桃叶,惟见鸂鶒掠水飞。 陈三立《桃叶渡夜泛》:袅袅柳边棹,离离月下人。衣香回一水,酒思映千春。初雁明河见,凉蝉画阁新。江南肠断夜,携手竟谁陈。

柳浪湖

在桃叶渡旁。《东城志略》:疑即田林诗注之烟柳湖。明吴子充筑长吟阁于上。朱元律诗所谓"秦淮别派小成湖"是也。

丁字帘前

《画舫余谈》:秦淮檐扁,莫久于丁字帘前。屋常易主,而扁终仍旧。今所悬者,乃兰川大守玉箸篆文也。《东城志略》:对河水港歧出,如丁字形,所谓帘前丁字水也。或曰即丁继之水亭,复社会文处也。薛桑根师"停艇听笛"之扁,殆为此作欤。

西 楼

《虞初续志》:即《西楼记》中穆素徽所居之旧址也。许香岩太史葺其地而新之。楼俯秦淮,清流照影,十载寓公,游屐颇盛。今许公已归道山,楼台易主,殊深今昔之感。

文德桥

在县学西。本木桥,万历中圮,邑人钱宏业易以石。道光中阑圮,溺人数十。咸丰兵燹,桥毁。同治五年,仍易以木板桥。水上两岸人家,悬桩拓架为河房水阁,雕梁画槛,南北掩映,秦淮之胜也。

朱雀桥

《金陵杂咏》:晋咸康二年,作朱雀门,立朱雀浮航。自晋及陈,阻淮为固。西连石头,东接青溪,浮航往来,总二十四所。一旦有警,辄断舟栅,号称险隘。隋平江南,诸航始废。杨吴筑城,淮流益狭。今则瓦屋栉比,熙往攘来,一水潆洄,仅通舟楫。六朝故迹,盖往往湮矣。南渡淮水,北去宣阳门六里。以金陵图考之,当在镇淮桥北左南厢,或谓即今之镇淮桥,对朱雀门,亦名朱雀航。谢安置重楼并二铜雀于桥上，因名。

利涉桥

一名红板桥，昔桃叶渡也。邑人金云甫居渡口，见渡者多溺，捐建木桥，太守李正茂名曰"利涉"。后又倡募改石，其后重建，复易以木。道光十九年重修，朱绪曾有记。同治十年，署总督何璟重建。周苦忠《利涉桥》：板桥不比石桥坚，古渡长虹又焕然。今日真堪不用楫，为郎一试双行缠。 陈三立《集利涉桥水亭》（二首录一）：桥外楼台丝柳长，没篙新涨浴鸳鸯。贞元朝士还相见，为汝闻歌泣数行。

大中桥

古白下桥。旧有白下亭，李白、王安石有诗。一名长春桥。明督师大学士黄公道周殉节于此，故又名大忠云。桥以北柳烟荡月，荻穗摇秋，为青溪胜境。偶泛小艇，容与其中，觉六朝烟水尽在其间。

岘　亭

在巡道署。姚鼐《岘亭记》：金陵四方皆有山，而其最高而近郭者钟山也。诸官舍悉在钟山西南隅，而率蔽于墙室。虽如布政司署瞻园最有盛名，而亦不能见钟山焉。巡道署东北隅有废地，昔弃土者聚之成小阜，杂树生焉。观察历城方公一日试登阜，则钟山翼然当其前。乃大喜，稍易治，其巅作小亭，暇则坐其上，寒暑阴霁，山林云物，其状万变，皆为兹亭所有。钟山之胜，于兹郭若独为是亭见也。公乃取"见山"字合之，名曰"岘亭"（下略）。

县　学

俗称夫子庙，在东牌楼文德桥北。正中大成殿，后有明德堂、尊经阁，右有青云楼，祀历任督学。"东南第一学"坊额，明初为国学，故建天下第一坊。旧为秦大士书，今易以小篆。"泮宫"二字，旧为朱熹书，今亦易去。棂星门额"天下文枢"四字，金坛王澍书。"明德堂"三字，曾国藩书。《荷香馆琐言》：天下学宫俱有明伦堂，独南京江宁县学则书明德堂，曾文正重书亦仍之。初不解其故，嗣乃知旧额本宋文山手笔，故后人不敢易也。内有"玉兔泉"三篆字，相传为秦桧书，今仅存"玉"字上半。刘青田序曰"张孟兼悯泉之芳洁，为奸人所污，而铭以雪其冤"。外有大成泉，门外就秦淮水为泮池，俗呼月牙池。

按：孔庙之前，宜肃静清洁，不容搭篷卖物、杂耍喧闹。李太守璋煜曾立碑永禁，宜也。不谓日久玩生，较昔尤甚，直如苏之元妙观①、沪之城隍庙。尊圣之意何存？噫！

奎星亭

在秦淮泮池旁。乾隆乙未建。道光十年，何汝霖改建蓝瓷顶；十七年重修。咸丰间毁。同治间重建。今设茶肆。

贡　院

在县学左。建于明洪武间。至清代迭次扩充，规模宏大。前有龙门，跨甬道而屹立者为明远楼。进为至公堂，堂后有飞虹桥，桥后为衡鉴堂。东西有屋，为内帘官所居。再后则为考试官所居。至公堂外左右一带矮屋即号舍也，共有二万六百余号。同治间，曾文正公重修。今科举既废，除明远楼直至衡鉴堂，以及龙门左右号舍数楹留作纪念外，余均辟为市场矣。黄协埙《过贡院前感赋》：一从科举废，矮屋久荒凉。自昔文章府，今为市嚣场。登楼望烟水，煮茗话沧桑。独立思前事，槐花秋又黄。

状元境

在贡院右，因秦熺名。或云宋秦桧父子居此，皆举状元，以

---

① 元妙观：即苏州玄妙观。

丑其人,故没其姓氏,但称为状元境云。

钟山书院

在钱厂桥。雍正元年,总制查公建。今为省立第四师范学校。程廷祚①《钟山书院碑记》(节录):其形势遥枕鸡笼,近挹秦淮,护龙河之水萦带左右,邑居环拱,城郭纡徐,结以崇构,缭以周垣,风气绵密,信金陵之胜地也。

文正书院

在八府塘侧。为许方伯振祎所建,以奉曾公香火,并课士子文赋。园中亭宇花木最为幽旷。今为第一中学校。

大功坊

《广舆记》:上以徐达功大,未有宁止,命有司治甲第于此,表其里曰"大功坊"。

乌衣巷

《世说》注引《丹阳记》:乌衣之起,吴时乌衣营处也。乃王谢故居。今翦子巷至武定桥是其遗址。《莫愁湖志》:王导、谢安渡江来,同居此巷,其子弟皆乌衣,故名。《金陵志地录》:《至正志》图说言巷在马道街东,今钞库街至英府皆是也。《金陵杂咏》:在城南,内有乌衣园,乃王谢故居。一堂扁曰"来燕",岁久倾圮,马光祖撤而新之。今失其处。

邀笛步

是晋王徽之邀桓伊吹笛处。旧名萧家渡,在秦淮上水闸。或云在竹桥侧。《存征录》②谓贡院前有石碣,刻"邀笛步"三字。

---

① 程廷祚:原书误作"程延祚"。
② 《存征录》:应为清金鳌《金陵待征录》。

恐无据。

避蚊石

相传大中桥东关头有避蚊石，游人纳凉，每泊于此。《画舫余谈》：尝乘画舫往观，蠢然二石，在河之干。

淮青桥

淮水、青溪合流于桥下，故名。

青 溪

在江宁东。源出钟山，九曲七桥，马之纯已言，一曲仅存矣。自大中桥以西，淮、青合流后，则只当言秦淮不当言青溪也。《曾文正公祠百咏》：公游秦淮，谓两岸惜少绿阴。后人思公遗爱，遂于青溪九曲遍栽桃柳。王又曾《泛舟秦淮遂入青溪一曲得绝句》：不雨不晴天最佳，一奁深绿占铜揩。多情桃叶渡头水，半是青溪半是淮。翠襟低拂寻常燕，红板斜通宛转桥。可是郄生才地薄，烟波一曲便回桡。李茲《青溪即事》：纷墙红扫落花痕，一带楼台树影昏。雨细风斜帘未卷，纵无人在亦销魂。张之洞《青溪》：刘江诸大宅，一础不可寻。遗此衣带水，浓华变清深。稍稍种桃柳，寡薄无繁阴。聊借三人航，写我五湖心。燥吻甘止酒，茗碗白酚斟。清旷人语绝，时逢禅丛林。烟际闻相呼，三两归暝禽。何必牛渚月，已足惬素襟。得享一舸闲，胜拥千镒金。

白鹭亭

亭踞西城，可瞰白鹭洲，故名。久废。

折柳亭

在白鹭亭下。宋张咏建，为送客之所。久圮。

赏心亭

《一统志》：在水西门城上。《舆地纪胜》：下临秦淮，丁谓建。张之洞《赏心亭》：北横天堑雪涛吞，南拥钟山翠壁扪。堪笑谓之无远致，赏心偏在水西门。

行　宫

在会城中，向为织造廨署。乾隆十六年，高宗奉慈宁南巡，大吏改建行殿，以备临幸。有彩虹桥、绿净榭、塔影楼、判春室、听瀑轩诸胜，今废。

媚香楼

《香东漫笔》：丙午丁未间，赁庐金陵闸西，邻有水阁曰周河厅，数年前掘地得石碣，刻"媚香楼"三大字，厅主人惧其有神灵也，亟复瘗之。余曾得见拓本。白门寥落，意多违差，幸与媚香结邻耳。

卷 三

山水二

城东路

钟 山

在朝阳门外。《建康志》:周六十里,高一百五十八丈。东连青龙、雁门等山,西临青溪,北连雄亭,南有钟浦水流入秦淮。诸葛武侯所云"钟山龙蟠"者也。洪若皋云古名金陵山。《六朝事迹》引《吴录》:吴大帝祖讳钟,汉秣陵尉蒋子文死事于此,改曰蒋山。庾阐《扬都赋注》:元皇帝渡江之年,望气者曰:"蒋山上有紫云,时时晨见。"世又谓之紫金山。六朝时又名北山,齐周颙①隐此,孔稚圭《北山移文》所由作也。明嘉靖中,诏改为神烈山,则孝陵在焉。又名圣游山。双峰蔚起,上诣青冥,诚郡邑之镇也。山椒有纪念碑,为阵亡浙籍民军而立。顾宗泰《游钟山记》:衡、庐、茅、蒋,为天下名山,而蒋山实江南之冠。吴为蒋子文立庙,曰蒋山。又以南齐周氏隐此,曰北山。山时有紫气,则又曰紫金山。统而名之,为钟山。余于是山,向一至焉,未尽其胜。今鼓兴而往。未至山六七里,峰崿蔽亏,藏云障日,水泉激涧,净细可爱。至山,松阴夹路,寒涛吼空;风自绝壁而下,掩鳞动翠,其音飒然。自晋以来,刺史罢还,栽松百株,山故多松也(中略)。余乃升高而望,豁然四空,西瞰覆舟、鸡鸣诸山,黛螺缭绕,后湖隐

---

① 周颙:原文误作为"周融"。

见,其六朝之佳丽乎？而其南则俯眺城中万家烟火,绮纷绣错;旷无人处,夕阳故宫也。北凌大江,苍然极浦,紫盖黄旗之气犹有可想见者,而虎踞龙蟠,江山如故。独慨然于齐梁递迁之主,而叹其销沉于是。历岩而下,日已薄暮。朝阳洞、商飙馆、周氏草堂、羲之墨池诸境最僻,俱不得访(下略)。　吴伟业《钟山》:王气销沉石子冈,放鹰调马蒋陵旁。金棺移塔思原庙,玉匣藏衣记奉常。杨柳重栽驰道改,樱桃莫荐寝园荒。圣公殁后无抔土,姑孰江声空夕阳。　张文虎《与缦老壬叔鲁生汤衣谷裕同出朝阳门游钟山舆中戏作》:天公妒游人,雨雪屡相锢。连朝稍放晴,相约如脱兔。钟山远招客,爽气豁尘雾。东出朝阳门,肩舆骋飞步。舆夫向我言,笑我作计误。皇城久为墟。宫殿今广路。郊坰寂人烟,登陟何所慕。秦淮多佳人,渐已复其故。丰颊长蛾眉,妆饰雅且素。弦管调新声,一醉忘旦暮。闻言谢舆夫,性与时好忤。惟有山水怀,访古差自娱。城中多少年,知音曲能顾。黄金买歌笑,缠头不知数。曷不肩彼行,残炙亦得哺。与人作肩舆,苦乐惟所赴。山水有何好,粉黛有何恶。古人不可作,惟有邱与墓。所怜头白翁,老尚不知务。

说法台

在孝陵卫东北偏山半。陈文述《说法台》:生公遗迹在姑苏,海涌峰前夜月孤。此地志公曾说法,不知顽石点头无？

横琴石

在说法台东。石方平,约围四五丈,居山之中。一名分中石。

屏风岭

在八功德水西。巧石青林,幽邃如画。

一人泉

在北高峰上。仅容一勺,挹之靡竭。王友亮《一人泉》:仄径树阴阴,幽窦泉炯炯。山僧每独来,敲火试春茗。

白云窝

在灵谷寺。僧续洪有记。

乌爪峰

在圆通寺后。一名凤凰尖。

琵琶街

在灵谷寺东。履之有声。

八功德水

《六朝事迹》：闻丝竹声，因而得泉。梅挚撰记。在蒋山悟真庵后。《览古诗注》：僧法喜祷于西域柏耨池，七日得之，所称功德，一甘，二冷，三耍，四轻，五清净，六不臭，七饮时不损喉，八饮已不腹泄。《金陵志地录》：洪武中已涸，从马鞍山下通出。宣德间又竭，正统中复出。今之甃石为池，以竹递引者，或即正统遗迹。《灵谷志》：名曰竹递泉。

盘龙石

在八功德水南溪涧中，有大石一方，作盘龙形，雕刻甚工。

飞来剪

在灵谷寺。石质天成，其形似剪，故名。或曰飞来剪有二，一在铁塔仓。

黑龙潭

在一人泉西。风篁露筱，亏蔽澄碧，是为萧统讲经地。后有太子岩，或曰统读书处也。又名昭明读书台。此为钟山最高处。

白云洞

在钟山巅，时时出云，故名。

栽松岘

在太子岩西。《建康志》引《金陵地记》云：蒋山本少林木，晋令刺史罢还都,栽松百株,郡守五十株。宋时诸州刺史罢职还者栽松三千株,下至郡守各有差。故岘以栽松名矣。

梅花坞

明胡元润《金陵名胜图册》:在灵谷寺旁。花时游人如蚁。

应潮井

《金陵杂咏》:东山之半有井,其泉与江潮为盈缩,故名。

玩珠峰

在钟山南偏,一称独龙阜。

紫霞洞

在孝陵侧。陈散原有"流闻紫霞洞,深匿孝陵侧"句。

桃花坞

在宝公塔西北,旧有桃花甚盛,故名。

道卿岩

在塔后。上多六朝人题名。

道光泉

在桃花坞下。《建康志》:熙宁八年,僧道光披榛莽得泉,故名。

木末轩

在独龙阜西。陆游《入蜀记》:其下皆大松,往往数百年物。"木末"取王文公诗"木末北山云冉冉"句以名之也。久圮。

高青邱故居

在钟山麓。《青邱集》中有《自天界寺移居钟山里》诗。

白土冈

周十里,高十丈,钟山北麓也。《图经》:土色白,故名。

青龙山

在麒麟门外。《建康志》：周二十里，高九十丈。《通志》：山趾石坚而色青，亦曰青山。李白诗"青龙见朝暾"指此。

洪武大石碑

在青龙山前。袁枚《洪武大石碑歌》：青龙山前石一方，弓尺量之十丈长，两头未截空中央。旁有厵屭[1]形更大，直斩奇峰为一坐，欲负不负身尚卧。相传高皇开创气概雄，欲移此碑陵寝中。大书功德告祖宗，压倒唐宋惊羲农。碑如长剑青天倚，十万骆驼拉不起。诏书切责下欧刀，工匠虞衡井中死（碑下有井）。芟刈群雄笞八荒，一拳顽石敢如此！周颠仙人大笑来，天威到此几穷哉！但赦青山留大朴，胜扶赤子上春台。丁丁从此停开凿，夜深无复山灵哭。牧竖宵眠五十牛，村氓昼晒三千谷。材大由来世莫收，此碑千载空悠悠。昭陵石马无能战，汉代铜仙泪不流。吁嗟乎！君不见，项王拔、始皇鞭，山石何尝不可迁，威风一过如轻烟。惟有茅茨土阶三五尺，至今神功圣德高于天。

张山

在淳化镇北。

虎洞

在张山。群石竦起，劙灵嵌奇，极怪伟之致。

柳泉

在张山锦石村。野泉一泓，味甘洌，远胜宫氏。以多植杨柳，故名。

宫氏泉

在张山上庄。见盛时泰赞。

云穴山

《建康志》：在城东八十五里。周二十里，高九十七丈，有洞

---

[1] 厵屭：应为"赑屃"。

穴甚幽邃。天欲雨,则穴中云出,因名。

武冈山

在云穴山西。《建康志》引石迈《古迹编》:山有石佛十余躯,旧传唐武后造,俗呼为石佛子庙,亦曰墓山。陈文述《武冈山石佛》:如此蛾眉一代才,金轮奇气自天开。明堂封禅亲行后,又向青山造像来。

汤 山

在云穴山东南。其东有汤泉,宋江夏王刘义恭铭焉。《寰宇记》:山不甚高,无大林木,有汤泉出其下,大小凡六处。汤涧绕其东南,冬夏常热,禽鱼之类入者辄烂。以煮豆谷,终日不熟。草木濯之,转更鲜茂。唐德宗时,韩滉女有恶疾,浴于汤泉,应时而愈。今称南汤山,以别燕京之汤山。往浴者时有人云。袁枚《浴汤山》:为寻圣水濯尘缨,爱忍春寒远出城。刚是杏花村落好,牧童相约过清明。方池有水是谁烧,暖气腾腾类涌潮。五日熏蒸三日浴,鬓霜一点不曾消。

大城山

在城东六十里。《建康志》:周二十里,高八十二丈。明盛时泰筑室于此,自号大城山樵。见《北山诗话》。

雁门山

在大城山北。《建康志》:周二十里,高一百二十五丈。西连彭城山,山势连绵,类北地雁门,故名。《舆地纪胜》:或云有雁门僧住此,以目山焉。亦曰阳山。今曰孔山。李白诗"绿水向雁门"指此。上有温泉。陈文述《雁门山》:笛声吹得暮云愁,牧马萧萧古石头。割取秣陵青一角,西风残照雁门秋。雁门何处雁横天,万木秋风响暮烟。满地衰兰锵碎玉,更无人解说温泉。

彭城山

在雁门山南。《建康志》:周九里,高二十七丈。有水下注,涓涓成渠,石梁横焉。山上有彭城馆,久圮。

祈泽山

在张山西。《建康志》:周十里,高五十丈。东连彭城山,北连青龙山。有祈泽泉。《六朝事迹》引旧经云:初法师尝结茅于此,有龙女来听讲,既而神泉涌于讲座下。后人以祷崇水旱焉。有堕云峰、桧径、桐林、栗盖、待月亭、仙人岭、翻经坪诸胜。

双文杏

在祈泽寺内。相传为初法师手植,繁阴覆地,千岁物也。

白　山

在摄山南。《建康志》:周八里,高八十丈。旧有白城,故名。

雉亭山

在白山西南。《建康志》:周六里,高五十丈。旧说齐武帝东游钟山,射雉,因名。又传吴大帝时,蒋帝神乘白马,执白羽扇,见形于此,跑地成泉,故山又呼曰骑亭,泉亦名白骑也。见石迈《古迹编》。王友亮《雉亭山》:礼经蒐狝以时颁,底事从禽久不还。看取南齐留故辙,鸡鸣埭与雉亭山。

丁　山

在雉亭山东。其相近有阳山、陵山。

竹堂山

在武冈山南。《建康志》:周十六里,高九十二丈。东连云穴山,西连青龙山,南连大城山,北有水,下注平陆。

卷　四

山水三

城南路

牛首山

在城南三十里,双峰角立,取其形似。《建康志》:周四十七里,高一百四十丈,佛书所称"江表牛头"是也。山有双峰,正对晋宣阳门,王导指曰:"此天阙也。"故又名天阙山。梁武帝于山下建仙窟寺,世又谓之仙窟山矣。危素《游牛头山记》:牛头山在金陵南去三十里,至元四年龙集戊寅,余留崇因寺,崇因当里之半焉。三月己酉,将与番阳僧明晋同游,里中僧善继、如璧,山阴道士费一元,皆欣然愿偕行。过石子冈,东行至山下辟支佛洞,洞黑,有穴在东,投之瓦石,琅然有声,久而后定。孙权时山裂,有僧出其中,谓文殊辟支佛云。南唐周彦崇纪其事。过大雄殿前,值寺僧明大及英台寺一僧导余登兜率庵,正近山顶,又东缘崖石寻融师脚迹及卓锡泉,厓甚险,余五人者皆惧,而明大独往来如飞猱,訾且笑。更由庵西去,余与一元不能从,而其能往者诧其身胜。读南唐保大时所建佛窟寺碑,实王文秉所刻,文衰弱甚,而字刻殊精好,摩挲久之而去。至下西寺,僧道宣留饭,壁间见恒山周昶诗。昶,文穆公之后,皇庆间金江西廉访司事,行部至吾抚,卓然有政,后至者率弗及也。诗虽无足观,余特爱其人焉。道宣之言曰:"兵戈以来,寺之田在邻郡者,悉不能复,故徒众繁多,营营于衣食,以故不及曩时之盛云。"闻祖堂寺有幽栖岩者,山径危折,登之颇难。憩西峰寺,诣融禅师庵,至延寿寺,其碑亦文秉所刻,而又有断碑在地,唐大历中僧灵樽书,文甚简古。遂宿寺。明日,观幽栖岩,拓文秉题名,善继赋诗题石上,而明晋和之。还上东峰,望见兜率庵隐隐然在山上,树石参错,若画图然。一元顾善继曰:"子与我约结庵,此其处矣。不必他求也。"临高而望,自孙权分裂江南,更晋、宋、齐、梁以来,数千百年间,金陵为必争之地,英雄豪杰之遗迹,既皆划削消磨尽矣。吾徒生值休明,而得与山僧道士娱情山水之间,又何其幸与! 归而志之,以荐好奇之君子。 王士正《游牛首山记》(节录):历白云梯,凡百级,夹磴古松千百,干云蔽日。顷京口造战舰,翦伐皆尽,今所余才两株。寺僧谓以中虚,无所用,故得免。 李国宋《牛首山》:独上藏龙窟,遥瞻踞虎邦。四天围碧嶂,一气滚寒江。净贝安禅悦,香灯冷法幢。顿令尘思尽,高倚白云窗。 刘因之《过牛首山是日大雾》:埋雾群峦死,辞风万木瘖。残钟沉绝壑,怪鸟欬深林。几辈登临去,尘氛日苦侵。茫茫迷七圣,何处具茨寻。 孙星衍《牛首山》:岿然天阙作南门,渡马人知帝子尊。似此家居撞亦坏,千秋名让谢公墩。

丛云楼

在牛首山。袁枚《再游牛首宿丛云楼作》:丛云楼再到,久别觉心孤。题壁数行在,前僧一个无。青山皆故物,白发是新吾。记得当年住,藤床对雪铺。

虎跑泉

在牛首山崇教寺右,有至正十一年碑铭,味最冽。

兜率岩

一名舍身台,在虎跑泉前。岩后石壁镌"子瞻怪石供"五字,有太虚泉。

坦轩

在兜率岩下,为铁汉和尚故居。和尚,楚京山人,常以二猕猴自随,凡有所须,曲解其意,枯坐岩窦数十年,不与人接。与龙眠方学士为方外交。学士赞其画像曰:"两个猕猴杖一根,献花石上独称尊。怪公事事能超脱,留此赃私误子孙。"

文殊洞

在兜率岩下。

含虚阁

在文殊洞前。康熙间,太守陈开虞重修,有记。

辟支洞

在文殊洞下。相传为辟支佛出所,犹存足迹。《盛志》[①]:洞左修廊短楯,槛外松篁蔽亏,游人步屧穿廊而下,望之如画。户外正对花岩,大峰连绵苍翠;洞前有辟支佛塔,僧普庄有《辟支佛塔记》。

安初洞

在牛首山。地僻,履迹罕至。盛仲交择偈中"安住初法语"名之。

梅 洞

在牛首山。深入窈窅,上耸巨壁,旁庋一石,远望隆起,近视侧如龛状。

地涌泉

在梅洞下。自石坎中出,深二尺许,涓而常盈,注而罔竭。壁上有"地涌泉"三大字。又"元贞四年"等字旁,有佛庐,坐埠中则仰睨岩峰,出户外则俯聆泉水,佳境也。

锡杖泉

牛首山东峰巅有泉,曰锡杖。

梅雪岭

在牛首山南。

石 鼓

牛首山北,有大石如卧鼓,中空,可坐数十人。其高九尺,上下有小石,吴时呼为石鼓。

---

① 《盛志》:即明盛时泰《牛首山志》。

得胜村

在牛首山麓。岳忠武败金兵于此,故名。

一灯楼

在牛首山上。《渔洋诗话》:窗棂洞豁下临无地,额为施愚山分书,而俗僧易以白云云。王士祯《一灯楼与方尔止夜坐怀施愚山临江》:牛头高处宿,初夏似凉秋。萧飒青林外,西风月满楼。故人皖山隐,高咏继前修。共忆萧江客,清猿起夜愁。

岩　山

在牛首山东北。其山岩险,故名。宋孝武改曰龙山,亦曰南山,俗曰凤凰山。明韩宪王葬此,又谓之韩府山。东有段石冈。《丹阳记》:岩山东有大碣石,长一丈,刻勒铭题,赞吴功德,孙皓所建也。《建康实录》:其后折为三段,因以名冈。其相连有翠屏山,山色碧如翠羽,因名。

祖堂山

在牛首山南十里。《建康志》:周四十里,高一百二十七丈。宋大明间,于山南建幽栖寺,因名幽栖山。唐法融禅师得道于此山,为南宗[①]以来第一祖师,又改为祖堂山。一曰华岩山。府志谓之花岩山。山上有芙蓉峰,层峦削翠,高矗云表。有伏虎洞、神蛇洞、象鼻洞、太白泉诸胜。王士正《游献花岩祖堂记》:牛首、献花岩、幽栖、祖堂寺,枝峰蔓壑,实为一山。牛首为祖融开教道场,献花岩则百鸟衔花之所,幽栖、祖堂则遇四祖付嘱顿教处也。十九日晨,由牛首迳西峰岭,沿狮子峰西趾,登献花岩。岨峿崟崎,屡有登顿。陟则溜悬,降则心俯。人行岩谷间,如猿饮涧,如蚁缘垤,如钟乳倒垂。四视陂塘墟落,如蜂房,如莲蕊,如棋道布子,如织锦文回。望牛首楼阁浮图,行树罗网,庄

①　南宗:即牛头宗。原文误作"南宋"。

岩妙丽,皆作金银、琉璃、玻璃、砗磲种种之色。东西献花岩,迄石窟南下,松石疏古,略似牛首。东麓行二里许,修竹中一迳如线,忽得祖堂寺。从众踊跃,由寺后左旋而入,访石溪禅师,数日前已赴灵岩继公之招。小坐呈剑堂,观石公诗画,标格不减。寂音尊者,天界浪杖人弟子也。阮司马大铖被废后居此寺,寺多其书迹。僧雏出所藏甲申五月诗观之,殊多**齮**龁蜀洛清流之语。因访石公禅室,破扉短篱,高竹万个,青光鉴人,须眉皆绿。礼祖师洞,洞内一石"佛"字宛然,阮司马题云:"岩花长吐天人供,春草难遮佛字痕。"皆纪实也。洞右为虎跑泉,不溢不涸,僧徒瓴甓,咸取给焉。寺门近对吉山,为阮司马墓道,石湖邢昉孟贞过此,曾赋诗曰"高坟何累累,中有穷奇骨"也。远对姑孰之横望,《真诰》称其洞穴盘纡,绝宜术药。宋人诗"陶家旧宅寄山坳"即此。东迳天盘岭,松毛如苔藓,衣被石骨,人行树杪,至牛头水阁,始与来路合。望牛首,便如故人。入自凤台门,城南之游凡二日,得记二篇,诗若干首别录。昔人谓牛首、祖堂之间都无俗处,信然矣。　刘因之《祖堂山》:乔木上幽际,寒云无媚容。仰攀猿鸟径,俯视牛羊踪。洞底闻樵语,隔溪来远钟。吾家烟林外,知在第几峰。

天盘岭

牛首分支。诣祖堂,路下多古松。王后村诗云"路迥披云入,风高带雪看"谓此。

鸡笼山

在天盘岭南。此别一鸡笼山,亦以形似名。

拱北峰

在祖堂山后。回望牛首,楼阁庄严,罨然如画。

西风岭

在祖堂山右。岨峿崟崎,飞溜蔽谷。

献花岩

在祖堂山南。《寰宇记》:法融禅师入定于此,有百鸟献花之异,故名。

白　山

在献花岩南。

按:城东路亦有一白山(见前)。

青　山

在城南四十里。《建康志》:周四十五里,高一百二十五丈。西有水下注平陆。一曰大青山。

吉　山

在东善桥。五峰联峙,以吉翰名。翰宦迹见《南史·循吏传》。《寰宇记》:周二十余里,山顶有吉山观。

禁龙山

在吉山南,即《南畿志》之小龙山也。

元　山

在禁龙山西,有元山镇。

尹　山

与张山东西对峙,横山之水从中出焉。此别一张山。

蒋碧山

《同治上江二县志》[①]:在江宁县南六十里。其相连者有羊子山、施山、灵母山、百亩山。

铜　山

在施山西。山产铜,故名。宋鲍昭[②]有《过铜山掘黄精》诗。南有金牛坑。

---

① 《同治上江二县志》:即清朝《同治上江两县志》。
② 鲍昭:应为"鲍照"。

朱门山

在铜山东南。其山层峦叠嶂,莫可识名。旧志称男山、女山、姑山,又云女山有石洞仙灵遗迹,数十里外望之,秀入云霄,群山罕匹。今其山之高矗者,曰殷子山,曰直山,曰歪头山,并沿俗称矣。

牛脊山

在铜山后。有茅君别院。旧有西汉永光五年碑,金陵金石,此为最古矣。

云台山

在殷子山东陶吴镇旁。有石龙池,澄泓可爱,清鉴毛发,织鳞游泳。或云龙族西迤十里为虎肶洞,有巨石若困若盘,复有石丈人春秋报赛于此。《一统志》:有泉石之胜。

横　山

在云台山南。《建康志》:周八十里,高一百丈。四面望之皆横,又曰横望矣。山有十五峰。《金陵杂咏》:南接太平界,楚子重尝至此。王友亮《横山》:兹山形特异,四面望皆横。曾列吴人戍,还纡楚帅旌。乱鸦翻暮色,密树正秋声。两郡分疆地,终朝送客行。

慈姥山

在横山西。《建康志》:周二里,高三十丈。山南有慈姥神庙,因名。积石临江,崖壁峻绝。

鼓吹山

在慈姥山后。东北有水,四望孤绝。宋孝武大明七年,登山奏吹,因以为名。

按:《丹阳记》称江宁县南三十里,有慈母山,积石临江,生箫管竹。昔伶伦采竹嶰谷，其后惟此竿见珍，故历代常给乐府，而俗呼鼓吹山。王褒《洞箫》即称此云云。似慈母、鼓吹本为一山，而鼓吹之命名，亦非因孝武之事矣。

天竺山

在慈姥山西。其北连冈十里，本名多墅山。唐有天竺僧道融居此，故改名天竺云。

独龙山

在鼓吹山后。以其山似龙形，因名。或简称龙山，一曰龙江山。

白都山

在独龙山北，西临大江。《舆地志》：昔白仲都于此学道，因名。

土　山

在城南崇礼乡。《建康志》：周四里，高二十丈。晋太傅谢安旧隐会稽东山，因筑拟之，无岩石，故谓土山，亦名小东山。

方　山

在土山东南。《建康志》：周二十七里，高一百十六丈。形如方印，故名。亦名天印山。旁旧有东霞寺，石林清翠，杳然深沉，是此山之佳胜处。金陵景目曰"天印樵歌"。山下有石坝，俗曰石硊，一名竹山。《舆地志》：秦始皇时，望气者云"江东有天子气"，乃东游以厌之。又凿金陵以断其势，今方山石硊是其所断处，淮水之流经其下焉。

按：《建康志》称卢龙山与马鞍山相接，气势雄包，自秦凿为二，至今沟内石骨连焉。观是，则经秦皇凿分者，盖有二山矣。

聚宝山

在聚宝门外。上多细石，如玛瑙，俗呼为聚宝山。又谓之玛瑙冈。上有雨花台，梁云光法师讲经处也。有雨花之异，因以名台。其顶旧无草。宋刘克庄诗"一片山无草敢生"是也。旧有总秀堂、松风阁诸胜，并废。山远揖江峰，近俯城堞，烟霏雾霭，万景毕纳。《丹阳记》：江南登览之地三，雨花其一也。林云铭《游雨花台记》：癸卯夏五朔，余方客报恩兰若，偶与二友缓步雨花台，谒方公、景公二忠烈祠毕，箕踞长啸，见地上小石，青碧绀赭，取玩而掷之。既而二友登木末亭，余从其后，远望长江一带，回绕天际，舟小如叶，相错往来，明灭异态。众山环侍其下，风摇树巅，声飔飔然，疑从地起。因辨李青莲所谓"三山故迹凭吊千古"。余心乐甚，倚树而歌曰：白云冉冉兮袭人衣，万里长空兮鹤孤飞。古人既往兮山亦老，一笑峰头兮拂袖归。　高启《登金陵雨花台望大江》：大江来从万山中，山势尽与江流东。钟山如龙独西上，欲破巨浪乘长风。江山相雄不相让，形胜争夸天下壮。秦皇空此瘗黄金，佳气葱葱至今王。我怀郁塞何由开，酒酣走上城南台。坐觉苍茫万古意，远自荒烟落日之中来。石头城下涛声怒，武骑千群谁敢渡？黄旗入洛竟何祥，铁锁横江未为固。前三国，后六朝，草生宫阙何萧萧！英雄来时务割据，几度战血流寒潮。我今幸逢圣人起南国，祸乱初平事休息。从今四海永为家，不用长江限南北。　戴启文《雨花台》：路出长干里，苍茫夕照开。阵云销故垒，花雨自层台。秃树归鸦集，荒芜牧马来。江山经百战，凭吊有余哀。

永宁泉

聚宝山上有泉一泓，色味俱绝，居民构肆其上，春秋佳日，游屐纷遝。曰永宁，以寺名也。明赵谦书"第二泉"匾额，今亡。《待征录》：真泉弃于草莽，在永宁寺后，本高座寺讲院，后截为道，乃分为二，禅堂壁上有宋僧新公塔铭可证。

石子冈

在聚宝山麓。又曰梅冈，是六朝人丛葬处。陈文述《石子冈》：白杨萧萧红草暮,石子冈前六朝路。我来不见六朝人,惟见六朝丛葬处。六朝自古多才人,旧家裙屐江南春。赤乌以来不胜纪,下逮晋宋齐梁陈。六朝逝矣繁华歇,黄土深深埋白骨。寒食何人酹一樽,夜深犹上六朝月。我来吊古天苍茫,鸺鹠惨淡啼斜阳。君不见,二十四陵泣风雨,何况冈前一抔土! 王友亮《石子冈》:一道石如鹅卵积,两行松作猬毛纷。冈头客恋几家酒,冈脚人耕六代坟。

案:金陵石子冈有三:西冈在安德门外,与白杨路近;东冈即梅冈;中冈则凤台冈也。

木末亭

《一统志》:在梅冈之东。高出林表,因名。久圮。王士正《雨登木末亭记》:廿四日,为家兄西樵礼佛长干,薄暮入寺,然灯九级塔,塔皆五色琉璃,陶埴成之,表里莹澈。篝灯百四十有四,放大光明,不可思议。礼佛毕,饭休上人方丈,夜宿北轩,窗外鸭脚参天,下荫十亩。中夜风起,闻雨声洒叶上,与檐角琅珰相应,觉枕簟间萧然有秋意。晨起盥栉僧院中,梧桐得雨,青覆檐霤,盆山石菖蒲数丛,勺水渟泓,苍然可爱。南入高座寺,访山雨上人,时晨雨方零,空山寂历,宿鸟闻剥啄声,扑刺惊起。坐僧楼,泛览壁间衲子诗,有"鸟鸣山寺晓"之句,赏其幽绝。冒雨登木末亭,四顾烟岚蓊郁,萦青缭白,城阙峰峦,江渚林木,皆入空濛,惟长干塔百仞耸立。亭左东南望钟山,仿佛天外蜿蜒而已。山头松柏数十株,疏密皆有画意。近俯长干诸刹,楼台丹碧,明灭烟雨中。他日得一笻一盏,足迹遍南朝四百寺,足了此生矣。尝观南宫笔墨,辄悠然远想。今乃恨不携米颠来泼墨数斗,尽收烟云入奚囊耳。雨泞甚,舆人数促迫,遂由景公祠而西,观无碍居士碑,抵青溪水榭,犹觉烟云荡胸,急索笔墨追记之。 屈大均《木末亭》:木末亭临万井中,遥遥正对孝陵宫。九原未肯成黄土,十族犹然吐白虹。自古以来无此死,教人不忍作愚忠。雨花台畔啼鹃满,血染蘼芜一片红(旁有方正学祠,故云)。 施沄《木末亭》:一角孤亭落照边,读书种子此为贤。百年大节惟其是,两字愚忠恐未然。沧海横流飞燕子,旧君有服拜啼鹃。褊心转为英明惜,瓜蔓何辜六族延。

案:《同治上江两县志》称:同治十一年,就雨花台旧址建方正学公祠及木末轩,岂重建后始改名轩耶?又钟山旧亦有木末轩（见前）。

御碑亭

在木末亭左，今圮。

宝积阁

在聚宝山（见王孟起诗）。久废。

长干里

在聚宝门外。江东人谓山陇之间曰干，故有大长干、小长干之称。唐人诗多咏之。

芙蓉山

胡元润《金陵胜迹图册》：在府城南雨花台之西。诸志俱失载。

邓府山

在安德门外。明宁河王邓愈葬此山，因名。

赤石矶

在南门外东二里。枕濠面郭。吴时筑城凿濠，中断为二。陂陀高下，茅屋参差，估舫渔舟，多集于此。榴花数百株，丹绿掩映，每当夏日，最堪延赏。

卷　五

山水四

城西路

三　山

《待征录》:三山有四:上三山在江宁镇西,李供奉诗属此;下三山在镇东,王安石诗属此。又牛首、祖堂、花岩,亦名三山。朱门之男山、女山、姑山,亦擅斯名。上三山在烈山东岸,一曰仙人矶;下三山一名护国山。三山鼎峙,当江之冲,诚奇险也。下有矶曰三山矶。

曾公坊

《曾文正公祠百咏》:江南百姓思公遗爱,建石坊于旱西门外,题曰"民不能忘"。联云:系亿万家父老讴思堕泪碑宜留岘首;挽十二载干戈劫运大功坊合配中山。

落星山

在江宁西南板桥市。《建康志》:周二里,高十丈,西临大江。《图经》:昔有大星落于此,因名。有冈曰落星冈。其近水曰落星洲,又曰落星矶。《陈志》[①]:李白遇蓬池隐者,脱紫绮裘换酒在此。

---

① 《陈志》:即清朝陈开虞纂修的《康熙江宁府志》。

案:城北路亦有落星山(见后);石头城西又有落星冈,即《吕志》误称落星山者(见前)。

阴　山

在大胜港西南。《建康志》:王导至此,有阴山神见梦于导,导为立庙。时人遂名其冈为阴山。

鹅顶冈

在石子冈西。有崇因寺,相传即古之新亭。《演繁露》:新亭在鹅顶冈,俗名馒首冈。有宋牧仲重建新亭碑。

劳劳山

在馒首冈西,实即陇也。上有劳劳亭,又名望远亭。宋改为临沧观。古送别场也。李白有《劳劳亭诗》。亭久废。清时于旧址建驿亭,官吏迎送皆在此。曾文正公送苏赓堂河帅小憩于此,忽得病,扶归七日,薨。朱孔彰有"白门父老谈遗事,犹自伤心送客亭"句。黄协埙《劳劳亭》:多谢沿堤柳,劳劳管送迎。江亭一挥手,落日与云平。花月闺中泪,风沙塞外程。仆夫催就道,骊曲已三声。

观子山

在县南三十里。《建康志》:周四里一百步,高八十三丈。或简称观山。

湖　山

在江宁西南三十里,上有湖,久旱不涸。

马鞍山

在观子山东南,高八十五丈。

车府山

在马鞍山西北,高一百丈。六朝常于此藏车乘器甲,故名。

白鹭洲

《丹阳记》：洲在大江中，多聚白鹭，故名。李白诗"朝别朱雀门，暮宿白鹭洲"；又"二水中分白鹭洲"，皆谓此。《通志》[①]：在府西三里，与新林浦相对。或又称上新河。《广舆记》：上新河在江东门外，通大江，舟船聚泊处。洪武初新开，故名。

孙楚酒楼

在白鹭洲。唐李白饮酒于此，有诗云："朝沽金陵酒，歌吹孙楚楼。"

清远楼

在上新河龙江关左。旧有瓮城一道，向西额署"雄冠江东"四字。同治十一年冬重修。

莫愁湖

《一统志》：在三山门外。明时为徐中山园。《府志》：相传为莫愁旧居，因名。《待征录》：宋元志无言莫愁湖者，言之自《应天志》[②]始。《吕志》谓见《太平寰宇记》，《记》无此文也。且湖名洪容斋已辨之，故《佟志》[③]云不知得名何时。《袁志》[④]：湖之状正如楚泽悲风，眉纹双缬，不知谁何爱而疑似之。其胜棋楼，李维桢记只言徐九公子以谢元[⑤]自比。《弇州诸园记》亦未言太祖赌棋，则明祖与魏公赌棋之说，亦不知何自来。小说传闻，恐不如京山、弇州之足据也。道光时，楼为水淹，姚姓重修。

① 《通志》：指《康熙江南通志》或《乾隆江南通志》。
② 《应天志》：即明朝《万历应天府志》。
③ 《佟志》：指清朝佟世燕修、戴本孝纂《康熙江宁县志》。
④ 《袁志》：指清朝袁枚纂修的《乾隆江宁新志》。
⑤ 谢玄：即东晋谢玄。

楼对清凉山城,湖中盛植莲花,红白相间,夏秋之际,风景尤佳。洪杨一役,古迹荡然。同治十年,曾文正公重建,华堂曲槛,渐复旧观。曾公骑箕之后,邑人追慕,绘像荐芏,比之羊公岘首焉。《白香亭诗集》:许方伯振祎建曾公阁。民国三年,韩巡按国钧拨官钱重修,复就西南隅拓地为亭,带以小池,编茅引泉,颇饶胜趣。撰有碑记,并重建莫愁湖木坊,里人仇继恒书额。余宾硕《莫愁湖》:石头城下莫愁湖,四面云山入画图。春水涨时双桨去,夕阳垂处一峰孤。佳人自解调鹦鹉,游子偏能唱鹧鸪。闻道南州征战后,至今啼杀白门乌。 舒位《送客至莫愁湖上遂登胜棋楼有作》:丁字帘栊井字楼,画船摇出一城秋。十年飘泊才湖上,六代销沉此石头。谩道佳人难再得,只应少妇不知愁。栖鸦流水空消息,留作词场考异邮。 袁枚《莫愁湖》:澹澹春山小小舟,一湖水气湿妆楼。六朝南北风流甚,天子无愁妓莫愁。何绍基《莫愁湖》:烟水荒寒不可收,昔年曾作冶春游。湖山自有佳时节,儿女宽心且莫愁(自注:十五日始至莫愁湖,但见水光一片)。 武品三《莫愁湖》:龙蟠虎踞帝王州,一角湖仍属莫愁。大将勋名随逝水,美人心事易悲秋。波光云影诗情活,雾鬓风鬟画像留。近作王侯清净地,西风帘卷胜棋楼。 戴启文《游莫愁湖登胜棋楼》:石城西畔大堤平,堤外湖光似镜明。一局君臣闲赌墅,六朝佳丽艳留名。烟波有主常供税,风月撩人总系情。水榭云廊新点缀,天开图画压南京。

卷 六

山水五

城北路

仓 山

在太平门外岔路口。其北曰姚方山,曰尖山,曰太平山,皆相连。

大壮观山

在太平、神策二门之间。《建康志》:周五里,高二十八丈。东连蒋山,南际真武湖,北临蠡湖。元时筑为塘,以溉田,今废。陈宣帝起大壮观于此,因名。其东北相连曰蟠龙山,曰石亭山。

直渎山

在观音门外。《建康志》:城北三十五里。周二十五里,高十七丈。《一统志》:北滨大江,西引幕府,东连临沂、衡阳诸山,形如绣错。悬崖峭壁,洪涛骇浪摧击其下,诚天险也。有直渎,山因以名。或称岩山,俗曰观音山,以门名。山多石洞,极奇诡。天围山中,江转石底,称奇境焉。有吴道子石刻观音像嵌于绝壁。洪武初,即山建观音阁。正德初,就阁建寺。危石半空,势若俯坠。以铁锁穿石系柱下。当时江流旁麓,下瞰大江,惊心动魄,称天下之伟观。今则距百步之遥,沧海桑田,白杨衰草,令人增感矣。阮宗瑗《游燕子矶沿山诸洞记》:出永济寺西行,山路犖确,沿山林洞窈然洼然。以僻故,游人之踪罕至。余数人喜穷幽探胜,值饭后,奋足力往焉。初行至一洞,洞空旷,石上凿字,大书"仙源洞"。行数十步,复入一洞,洞口侈,中甚狭,状似箕而敛。次第至上台洞、鳌鱼洞、中台洞。上台、中台皆因山架屋,洞口杂植秋卉,晶莹可爱。僧煮茶饷客,石屋内竹几绳床略具。中台旧通石床洞,僧虑客茶罢由石床径出,辇土石堙焉。余向游石床,自土门入,有枯僧坐土锉下,烧松枝煮芋,瓦铛缺一耳,复无铉,僧跣足出土门,导余辈行,今不复识其处矣。过中台,至莲台洞,又至水帘洞,乃遂至三台之一线天。一线天者,三台洞之屋漏处也。洞左如漆室,从昏黑处拾级上,有顷,觉石罅放一缕光明,似天宇下垂,故名。出三台不百步,即天台洞,洞在陡壁上,其别室曰真武洞,路险仄。学猱行上,坐僧屋少憩,下视山凹中,怪石怒立,嵌空欲活。僧曰:"此一线天也。"观者咸愕眙①,诧为奇绝。从仄径下,复前至玉笋洞,洞有摩崖书"政□五年岁次□□②正月上浣范圣源□次公□处厚同游"二十三字,计漫漶者四。时日方昳,出寺行,至此约七里,遂归。过此有达摩洞,境益僻俟,异日访之。

燕子矶

　　观音山余支也。一峰特起,三面陡绝,江中望之,形如飞燕,故名。矶上旧有水云、大观、俯江诸亭。白云扫空,晴波漾碧,西眺荆楚,东望海门。离人估客,或乃夜登,水月皓白,澄江如练,景物尤胜。故自晋题咏,于此独多。张文襄云:矶下多画眉,皆巢石罅内。王士正《登燕子矶记》:金陵古都会,名山大川在封内者以数十,而燕子矶以拳石得名。矶在观音门东北,三面临江,削壁巉岩,石笋林立。观音山蜿蜒数十里,东与长山相属,至此忽然突起,一峰单椒秀泽,旁无附丽,傲睨诸山,偃蹇不相下。大江从西来,吴头楚尾,波涛浩淴中,砥柱怒流,西则大孤、小孤,东则润州之金、焦,而矶居金陵上游,故得名尤著。矶上有祠,祀汉寿亭侯;迤西有亭,壁上石刻"天空海阔"四大字,奇矫怪伟,为前明大司马元明湛公书。按:公曾为南国子祭酒,又历官南吏、礼、兵三部尚书。公崛起岭南,从白沙闻觉之宗,与阳明上下其说,天下称甘泉先生。祠南亭三楹,壁间题

----

①　愕眙:惊视。原文误作"腭眙"。
②　岁次□□:原文少一"□",误作"岁次□"。

字,丛杂不可读,独椒山先生四绝句与文寿承书关祠颂,同镌一石,其一云:"皪皪①清光上下通,风雷只在半天中。太虚云外依然静,谁道阴晴便不同。"读此知先生定力,匪朝夕矣。折而东,拾级登绝顶,一亭翼然,旷览千里,江山云物,楼堞烟火,风帆沙鸟,历历献奇,争媚于眉睫之前。西北烟雾迷离中,一塔出挺,附临江浒者,浦口之晋王山也。山以隋炀得名。东眺京江,西溯建业,自吴大帝以迄梁陈,凭吊兴亡,不能一瞬。咏刘梦得"潮打空城"之语,惘然久之。时落日横江,乌柏十余株,丹黄相错,北风飒然,万叶交坠,与晚潮响相答,凄慄惨骨,殆不可留。题两诗亭上而归。时康熙二年十月二十一日也。 王锡祺《登燕子矶记》:晚泊燕子矶,余四过此未上也。舟中无事,拉沈丈蝶庵、陈子伯容、吴子小坡偕往。时落照初夕,林霏不开,荒塍纵横,步错连,不辨凸凹,惟恐或陷沮洳。三数折至肆,阛阓殷阗,颇成聚落。山麓有祠,祀关壮缪。从右登,顿百余级,南巡磴道也。同人有告无济胜具者,至山巅,御诗亭翼然峙矶上。纵目四望,大江如带,小舟如叶,长年篙师如豆,因叹矶拳石耳,由丛山蜿蜒中,突起一峰,三面阻水,号称险厄,脱敌由此登岸,直趋观音门,金陵形势尽失。故历来僭称兵,血肉相薄,穷年累月,争此尺寸土。然迨今六朝泡影,宋明邱墟,惟余打岸寒潮,旦暮呜咽。酒酣耳热,有心人能无唤奈何耶!游毕返舟,桅灯千百盏,如列星光射江中,里许不绝。乙酉八月十七日。 洪亮吉《燕子矶赞》:天与水泊,旷无端倪。一峰将颓,四壁绝依。如鸟而翼,亭亭欲飞。再转翠壑,孤升丹梯。月露渥顶,天风洒衣。

钱载《登燕子矶望金陵》:观音门外春风湿,矶石横当大江立,矶头客袂吹江急。岷山脉,趋建康,中脊而降翕复张。鸡笼、覆舟、钟阜、石头,孙郎作始江为沟。长、淮、群山,合沓以内向。昆明、秦淮环宫流。司马刘萧陈与李,割裂窃据悲徒尔。江为家户淮篱樊,指麾半壁诚难安。何来兴王混区夏,再传宗祐仍相残。江乎江乎吾酹汝,南北之限吾勿与。波寒野静天收雨,举酒问天天不语。江月白,江花开,庾兰成赋千秋哀,可惜春风阅霸才。 厉鹗《江行望燕子矶作》:石势浑如掠水飞,渔罾绝壁挂清晖。俯江亭上何人坐,看我扁舟望翠微。

御碑亭

在燕子矶上。咸丰间毁,同治八年重建,原碑亦修整如故。

---

① 皪皪:疑为"烁烁"之误。

巴斗山

在燕子矶东。实则直渎山东一小阜耳。救生分局即设于上。

观音门谯楼

在观音门上。阮宗瑗《游观音门谯楼记》:舟行至燕子矶者,遭石尤风厉,不得济江。羁愁辖结,则挈伴而游。游踪所至,穷山巅,历诸寺,旁及沿山林洞,目之所遇,一再至焉。更招之往,则倦矣。戊辰八月,泊舟斯地,循山而下,遇樵者入观音门,随之行二里许,及门,门上谯楼甚隘。从磴道上,见楼有侧户,叩之,僧启扉迎焉。楼三楹,中供佛像,虚其左待客,其右即僧卧所,一榻一灶几不得。黔僧面黄脊,日食惟藜藿。朝餔毕,负筐入山,拾橡栗,伐薪樵,入市鬻之。非是则无所得食。然以楼居故,烟霞之气,深入眉睫。倚楼四望,第见诸山拱揖,烟岚杳蔼,出没变幻,顷刻万状。偶诵东坡"峰多巧障日"与"江南江北青山多"之句。放眼间,恍若陟钟阜,登金山,心冥形释,动与造物者游。惜乎偶一憩焉,不若僧之日居斯地,延朝暾,迟夕景,非斯楼之所有者,皆攘而为斯楼之所有也。然则僧之烟霞成癖也宜哉!晨炊将熟,辞僧下。余谓同行者曰:非独兹游之奇,乃所遇之僧亦异人也。同游者亦侨、蓉垞、勤子及余凡四人。

摄　山

在江宁东北长宁乡。《建康志》:周四十里,高一百三十二丈。南接落星山,北有水注江乘,入摄湖。所生药草,能摄生,故名。形团如盖,又曰伞山。山有栖霞寺,俗亦名栖霞山。有三峰,中屹立,东西拱抱。乾隆三十二年,高宗重幸,大吏在中峰之左恭建行宫,以驻清跸。有春雨山房、太古堂、武夷一曲精庐、话山亭、有凌云意、白下卷阿、夕佳楼、石梁精舍诸胜。汪锡祺《栖霞山揽胜记》(节录):群峰杂遝中,有一峰如高视阔步作伟人观场者,执鞭者遥指曰:"此即栖霞也。"恭读纯庙南巡栖霞纪胜诗云:"宇宙以来便有此,秀拔江南鲜伦比。"煌煌宸翰,为之情移。俗有"春牛首,秋栖霞"之谚。牛首余未至,不敢殚述。至栖霞,则如韩昌黎诗云"我来正逢秋雨节"也。雨霁后，削竹为杖，彳亍以行。先寻所谓明征君碑者，碑高数丈，负以灵鼍。朗诵碑文，与飞鸟音刺刺相答。酌珍珠泉，清沁心脾矣。寺有无梁殿，系梁武帝舍身处，中供大佛一尊，所谓丈六金身，殆又过之。相传顶有明珠，无价宝也，光耀一室。粤贼蹂躏时，为贼之黠者取去，今以鱼目混焉。无梁殿毁于兵燹，柱础仅存。山腰中有断井残垣，相传有女冠栖焉。故址苍凉，铺平落叶。询卞玉京栖真之所，模糊不可复识。古人可作化鹤归来，其感伤有十倍于我辈者矣。山中有万佛岩，依山凿石为之，阅数百年而金容不坏。有跏趺者，有合掌者，有低眉者，间以水杉松柏，万木掩映，如幕如帷。又多产黄芝，策杖寻之，辄得数本，置盆钵，取供佛前，亦足当心香一瓣。云藏半腹，恒不见山顶。余只身与云气相征逐。片时间，举头见日，已亭午矣。苍苍正色，堪洗我心。下看山麓，郁郁纷纷，如擘絮，如装绵，不异黄山云海。峰尖有古刹一，尚余破磬残灯，又有古木一，斩尽枝叶，盖千余年物也，知为人迹所罕到矣。洞中有小石清圆，备五采章，亦若为娲皇之炼余者。雨后拾贮盘盂间，新鲜可爱。又有龙首石，游方僧多方采，跌打损伤，敷之立愈。试之果验，比儿茶血竭取效尤速，书之以备药笼之采择。　　袁枚《登摄山最高峰》：群峰齐俯首，争把一峰让。一峰果昂然，独立青天上。我来登此如登天，无物与我堪齐肩。白云蓬蓬生足下，红日皎皎当胸前。手敲山门锁，声落山下风。老僧迎我便扶我，怕我吹堕烟霄中。开窗指示扬州塔，入耳频闻瓜步钟。摄山到此局一变，怪石奇松都不见。不知人世藏何所，但觉江光摇匹练。仰首频愁真宰侵，长空断绝飞鸟音。游山莫到山绝顶，再上无路生归心。背山摇鞭风洒洒，手掷金轮放西海。　　郭麐《摄山道中》：卅里栖霞路，肩舆破晓还。春阳酣似酒，残梦乱于山。新水鸟双浴，落花红一湾。不知岚翠里，谁结屋三间。　　舒位《登摄山绝顶》：能著几两屐，直上最高峰。一峰穿一云，一云盘一松。千松万松撑虬龙，翠涛黄雪交天风。风萧萧，树重重，南朝四百八十寺，寺寺夕阳僧打钟，绝顶削出金芙蓉。到此不见山，但觉去天尺咫而扶寸，飞鸟之迹悄入空，星宿历历罗我胸。平视脚底何所有，长江一水沟西东。大船湾湾如张弓，小船点点如游蜂，豆人寸马画不工，仙山楼阁青濛濛。凉秋八九月，落叶不扫红。踏遍来时路，已被下界十万炊烟封。人生贵自适，一笠俪一笻。有山可登粮不舂，兴尽而返非途穷。若待婚宦既成始采药，多恐仙人如麻，杖晚睡远，飒飒成老翁。

品外泉

在栖霞寺左。曰品外者，为陆羽解嘲也。

千佛岩

在品外泉侧。《栖霞寺记》：仲璋仲璋即明僧绍之子。感佛顶放光之异，就壁凿龛，琢石为无量寿佛。齐文惠太子、豫章文献王等，依岩高下深广，就石为像，共成千尊。《栖霞小志》：栖霞寺以千佛岩胜，岩以无量寿佛胜，而佛适在中峰之左，中为一佛，左右二菩萨，今虽剥落，而岩龛庄严之处犹在。嘉靖间，海盐郑公晓与诸公始重装之。今千佛岩之石像，寺僧因爱护之，故悉以塞门德土①涂附之，且以朱施唇，以墨画眼，致造像原形完全失去，惜哉！郑鹤声《千佛岩记》②（节录）：舍利塔之东是为千佛岩之起点。……自此更折而东，经大小石窟佛龛数十，遂至无量殿。殿依山以石筑成，中镌无量寿佛，及观音、势至二菩萨，宏伟庄严，盖千佛岩中之冠冕也。由无量殿迤逦东上，则为纱帽峰，为千佛岭，至是凿山为石窟及佛龛，大小错落，点缀崖石间，若蜂房，若鸽舍，依山势为高下。石质属红色砂岩；梵像绀紫，蔓以绿萝。岭下有石磴积累而上，至最后明万历时御马监右少监暨禄所修一窟而止。磴山③两山中合，用成一谷，有小洞，有石磴。遥对千佛岭之麓，稍平衍，亦有一精舍。夕阳欲④下，斜晖映岭上，似庄严世界即在人间矣。……齐梁以来，固已屡经修缮。然以山中石质属于红色砂岩一类，不耐剥蚀，故明隆、万以来所补修者，至是又成子章之骷髅，模糊不可辨析矣。于是现住持僧异想天开，将旧日造像概用水泥涂缮一过；为事省而程功⑤易。……璎珞光背，以及庄严之具，俱灿然可观。千佛岭诸大窟亦有已

---

① 塞门德土：英语 cement（水泥）的音译。
② 《千佛岩记》：应为"《摄山佛教石刻小纪》"，发表于《东方杂志》第 23 卷第 8 号，1926 年 4 月 25 日出版。作者为向达、郑鹤声。该文收入向达《唐代长安与西域文明》（三联书店 1957 年版）。
③ 山：应为"下"。
④ 欲：应为"西"。
⑤ 功：应为"工"。

经修缮者。此虽可以取悦世俗,而艺术上则无足道矣。……其未补造诸像,以石质柔脆之故,亦已模糊依稀;面貌衣褶,俱不可辨。……惟明代诸造像记以石质较坚,嵌入壁间,用克幸存至今。……复次,千佛岩造像,世俗率云千数,或夸为万佛。他如《栖霞小志》、《摄山志》、《江宁府志》诸书率囫囵其词①。余等穷半日之力为之遍加计度,则自舍利塔附近以迄千佛岭暨禄所修一窟止,共计石窟佛龛大小才二百九十有四,造像大小五百十五尊而已。即有错误当亦不甚相远也。造像之首毁折及失去者甚夥。则更数十百年,恐此区区者亦不得保矣。悲夫!②

冠玉峰

在千佛岩旁。本名纱帽。四旁睨之,其状酷肖。清高宗赐今名。上为默坐轩,不语道人所息洞也。道人八年默坐,殷迈为立此轩。

明月台

在默坐轩前。一立石也。

玲峰池

在中峰侧。孤亭屼峍,与石梁遥对,群山万壑中,一泓湛然,可鉴毛发。

中峰涧

在明月台下。泉流萦带,溪径窈窕,绿阴如幄,稀见曦景。

中峰石

巨石空灵奇变,杜于皇目为石髓。以在中峰,世谓之中峰石矣。

---

① 词:应为"辞"。

② "则更数十百年,恐此区区者亦不得保矣。悲夫!"句,查向达书中收录的《摄山佛教石刻小纪》一文,无此句,不知何从出。

紫峰阁

在中峰下。明觉浪禅师开法于此。

白鹿泉

自紫峰阁循涧而下,渡春雨桥即是。旧传山中水竭,居民逐白鹿,至此得泉,故名。

云根泉

在中峰旁。清澈可鉴。

白乳泉

在白鹿庵上,有试茶亭。《建康志》:昔有人伐木,见石壁上刻隶书六大字,曰"白乳泉试茶亭",不知得名所自始。今亭则惟余荒基,泉亦久涸矣。

饮马池

蒋维乔云:白乳泉上有平坡,昔时驻兵处。尚余残垒,旁得一池,曰饮马池。

万松山房

在中峰之半。山固多松,此尤翁蔚。山风过处,谡谡如万壑鸣涛。中有杰阁崇台,掩映苍翠,最为幽胜。今废。

凌虚室

在试茶亭上。下视佛宇,上仰神祠。一睇而江山尽瞩。其前为太虚亭,再上绝顶即最高峰。《栖霞小志》:在摄山上,将及于巅矣。

天开岩

在中峰右,俗名污西凹。以中峰巨石当之,僧兴善掘地得焉。乃知今之樵径,本昔佳处。乱石中一大壁,上书"天开岩"

三字,真有巨灵擘天之势。

迎贤石

《栖霞小志》:"迎贤石"三字在天开岩后,大可二三寸,下书云"癸卯仲冬伯奇独来"。山僧言:"旧有路可上,此石当路之旋折处,故名。"又谓与中峰正对,如迎之者,因名。或又作迎宾石,有祖无择及钱伯奇题名。

石　房

《栖霞小志》:在迎贤石之旁,有"石房"二字。石之下,近亦多土,不知当时所以题之之意。

唐公岩

自石房从路而上,度一横石坎,即是悬壁,下题"唐公岩"三字。其四傍石刻最盛,然多不可辨。有"秋光"二字,亦不解所谓。《续建康志》云即天开岩。未识是一是二,识以俟考。

禹王碑

在迎贤石之阴。字皆岣嵝文,乃大禹治水成功,书于南岳衡山者。明侍郎杨时乔摹刻兹山,并记缘起。

叠浪岩

在西峰之侧,伏石万叠,状如波澜。下有见山楼,前后疏窗洞达,凭栏而望,九松郁然,西峰最胜之处。

般若台

在珍珠泉右。明歙处士王寅得《四十二章经》善本,乞诸名士书各一章,勒石四面。

六朝松

在栖霞寺前。蔡甘泉诗"寺门闲煞六朝松",龚文思诗"到门先见六朝松"是也。《摄山志》:相传为梁武手植。

萧忠武王碑

民国十三年,在尧化门外甘家巷发现梁代始兴年萧忠武王古碑一座,湮没于芜草中。韩省长令古物保存所杨复明所长督匠起出,妥为保护,以存古迹。

钱大昕云:金陵石刻存于今者,不及什之一。相传明祖营治都城,尽辇碑石为街道之用。窃意六朝三唐,世次久远,磨灭残毁,理亦宜然。宋元与明相去甚近,而城内自宣圣庙以外,绝无宋元之刻,其为洪武所毁无疑。

摄　湖

《建康志》:周二十里,在摄山之侧,故名。

落星山

东接摄山,北临大江。《南徐州记》:临沂县前有落星山,吴大帝时,山上置三层楼,楼高以此得名。左太冲《吴都赋》"飨戎旅乎落星之楼"是也。

临沂山

在落星山西,俯临大江,俗曰周家山。设防江炮台于此。下有石矶。邑人甘延年设铁索于此,以利济。

衡阳山

在摄山南。旧传朗法师在此说法,有衡阳神女忽来听讲,遂主此山,因名。有龙女泉。

幕府山

在神策门外。《建康志》:周三十里,高七十丈。晋丞相王导建幕府于此,因名。山滨江,为建业门户,有炮台建于其上。山有五峰。洪亮吉《游幕府山泛舟江口记》(节录):余以辛酉秋仲,送客白门,事毕欲归,吾友孙君星衍送我临江之渚,时日乍过午,相与舍舟登陆。携一僧一童,遍历幕府山十二洞。厓层岫衍,川虚谷灵,云浮景沉,林隐花显。遂尔心游于虚,神会于默。光景倏忽,游踪回皇。盖仆行天下多矣,川陆之胜,寓目八九,岩壑之美,罗胸万千,顾兹赏心,久失交臂,未尝不叹江表之境,至此极焉。其峭也,如斜行升天,遽握斗柄;其邃也,如再转入壑,先闻飙轮;其纤也,如蜗角已出,仍盘羊肠;其险也,如熊樏甫离,更入虎坎。又或石顶裂穴,形如弹丸,厓旁辟扉,削君永巷。众壑既美,层田亦奇。其高下不齐,赤白间出,如堕星而圆、怪火而裂者,名曰榴田;其入地而紫、逼天而青、悬厓挂壑、五色濛冥者,名曰薜田;其干虚而员、节厚而错、丛生水眉、迸出石腹者,名曰竹田;虬枝鹤盖,两两夹击,不风雨而吟声出金石者,名曰松田;随波离离,影界水陆,下拂鱼尾,上憩鸟足者,名曰荇田。以此五田,间兹十洞,遂复隐显不测,凉炎互殊。削壁万仞,腹背裂而通樵;浮云数重,中央虚而过鸟。楼台东西,以云气为界画;岩岫曲折,准鸟巢而升降。梨桃多于粟米,鱼蟹富于葱韭者焉。……

中　峰

居幕府之中。上有仙人台、虎跑泉诸胜。

按:此别一中峰。中峰本普通名称,如上摄山,亦有中峰也。

达摩洞

在中峰西北翠萝峰下。相传达摩曾至此,故名。

铁石冈

在幕府山南,一称铁石岩。

苍云崖

在铁石冈,最称幽胜。明焦竑题字摩石上。峰峦峭绝,树虥虥生绝壑上,嵚崟欲堕。临其左,有一线天,石壁如屏,高峙霞表,中坼裂,视天光仅露一线。

云窍石

竦立如人,众窍纷如。山雨欲来,云缕缕出。与苍云崖并称幕府山奇景。

梅花水

在云窍石旁。有泉沸起水面,如散花,故名。

石灰山

与幕府山相连,俗曰北固山,讹为白骨山。其实古白石也。亦曰白下。齐武帝以其依山带江,移琊琊郡治焉。六朝以来,屡为战争之地。《白下琐言》:出神策门二里,石灰山土名响叶树,有白石垒,晋建也。

金陵冈

在石灰山西。本曰靖安镇,宋岳飞邀败金宗弼处也。

龟　山

在太平门外下花林田畴之间。地脉隆隆,隐隐突起之阜,大可数亩,面迎来水,其形如龟,俗呼龟山。头尾四足毕具,其尾系石骨天成,以地书喝形法证之,无有如此神似者。

后　湖

本桑泊也。在城北,曰北湖。宋元嘉中黑龙见,又曰元武[①]也。孝武时,大阅水军于湖,因号昆明池,俗曰饮马塘。燕雀为前湖,驻防城即故燕雀湖。此故以"后"名。一曰蒋陵湖,亦曰秣陵湖。或又谓之练湖。六朝遗迹颇多。明初开浚置库,贮天下图籍。中有洲五,西北曰旧洲,西南曰新洲,又有莲萼、龙引、麟趾诸洲。惟志称湖周四十里,以今准之,不过得其半耳。况疏浚之功,历久弗举,淤垫日高,下湿亦成涯岸。冬夏涨落之迹,广

---

① 元武:即玄武。

狭悬殊，所谓得其半者犹是水满之率也；霜降始，槽滩平可履，则又缩五六矣。惟东枕钟阜，西滢神策，形势天然，四时之景可挹，如春堤桃柳，秋水菰蒲；夏则菡萏香清，薰风习习；冬则雪月一色，掩映洲渚是也。洲上有湖神庙，曾文正公所建也。有楼额曰"水国花乡"，其风景可以想见。《曾文正公祠百咏》：元武湖中新建亭阁，画公像祀之。公游时，湖楼未有，今为士大夫燕会之所，名迹如林；左文襄公又于蒋山下建长堤，直接湖神庙，始无须舟送矣。曾文正公曾建杨柳楼台坊于长堤上。光绪二十二年张文襄公重修，题曰"初日芙蓉"，以复曾公之旧观。宣统间，端忠愍公奏辟丰润门，门外又筑一堤，直达湖上。徐固卿统制复购地庙旁，建陶公亭、览胜楼，互相点缀，今已改为张、端二公祠。李梅庵所书榜已毁去矣。田北湖《北湖土物志叙》（节录）：六朝宫殿，大率背倚台城，而湖属城北，实当宫墙之后，则所谓后者指宫城而言，湖之得名，不自南唐为然。俗说钟山之阳有前湖，此固山阴，故以"后"别之。不知前湖之名，发见最晚，因后湖而称前湖，后湖不为前湖称也。自有后湖之称，古之玄武云者，文人词翰而外，已不常见。盖世人相传千五百年于兹矣。北湖之名，古无闻也。予独以此锡之者，予维故宫如砥，其迹成尘，前无朝，湖于何后？若就地位言之，城垣犹是，风景不殊。十里平湖，故在金陵城北，古之说山川者，有形势、故事两说，命名所宜，并从兹谊。故事不能征实，毋宁取于形势之为当欤！李详《游后湖记》：丁未六月五日，清河吴君温叟、丹徒陈君宜甫、仪征吴君召封、江都梁君公约，相邀为后湖之游。出太平门，雇两小艇，分坐诸友，船舷去水仅二寸许。舟人使篙，渐入深际。蒲苇芰荷，浸淫摇飏。空翠倒景，微风吹漪。夫渠乍开，浓赪的珠。异禽障叶，闻声拍飞。窈窕沖瀜①，宛与古会。行一炊顷，至湖神庙。小集西簃，僧前问讯，设茶见款，出曾文正公像，相视宗臣，须眉敛手致敬。上有廉卿、慰农诸题诗，墨

---

① 沖瀜：水深广的样子。原文误作"冲融"。

迹黯淡。又观彭刚直公榜字楹帖。复登北楼，直望幕府诸山，东眺钟阜近若拱挹。回坐小憩，凭阑西顾，城堞蜿蜒邪亘南北，鸡笼一山势欲吞纳。往登豁蒙，目穷俯视；今则左右送览，延想山阿，独处谁语？唯有悦然浩歌，遗彼远者。余客兹土，于今六年。昔履湖湄，沮志而反。不速之客，乃藉胜引，获遂宿心。岂非有拟者必靳，涉想者自赴？天时人事，适与际会，亦得其偶而已。奚锲舟之可寻、苍茫之足问耶？清景一瞥，若追亡逋，用特记之，以讯诸友，试各凝想，以证吾言。　劳之辨《眺元武湖歌》：鸡鸣十庙衰草多，志公遗塔高嵯峨。远望大江千里之雪浪，近俯晴湖万顷之烟波。湖形北向称元武，锦缆楼船斗歌舞。结绮临春迹已空，惟有澄泓一片无今古。闻说龙蟠王气真，徐常伟伐图麒麟，共球受日归天府。户册登余藏水滨，周遭沆渀中台榭，瀺灂①游鱼通港汊，仁民爱物本相兼。罟于渊者罚无赦，兔葵燕麦摇春风，细柳新蒲发故丛。鸳瓦已销金碧外，渔歌时起荻芦中。自古盛衰如转烛，六朝兴废同棋局。君不见，钟山陵树来樵牧，射生收得银牌鹿。　吴伟业《元武湖》：覆舟西望接坡陀，千顷澄潭长绿莎。六代楼船供士女，百年版籍重山河。平川岂习昆明战，禁地须通太液波。烟水不关兴废感，夕阳闻已唱渔歌。　徐乃昌《元武湖晚眺》：为踏春泥载酒行，满湖寒碧暮烟生。覆舟山色台城柳，一样伤心画不成。

---

① 瀺灂：在水中出没的样子。原文误作"瀺嚼"。

卷　七

寺　观

城中路

古林律寺

在定淮门内笃义里西,梁僧宝志创建,名观音庵。宋淳熙中,改称古林。其时屋仅数楹,围方百尺。自明万历间,僧古心改庵为寺,拓基增建,规模壮丽,遂成一巨刹。而宣扬戒法,依律传戒,又为明季中兴律学之祖庭,御赐"振古香林律寺"额。清康熙四十二年,赐名"古林律院"。乾隆二十四年,赐称"古林律寺"。峰峦环抱,水木清华。殿后凿山为壁,高数丈,遍植秋海棠,名海棠屏;花时烂如云锦,曼陀罗不是过也。咸丰间,毁于兵燹。僧东山先后建,复殿寮八十余楹。光绪庚子九月,药库被灾,寺宇毗连,砖飞石裂,尽遭轰毁,僧众伤亡,佛像露坐。江督刘忠诚公悯之,拨款建寮,暂栖僧众。嗣经僧辅仁次第募建大殿、韦驮殿、东西板堂、斋堂、水陆堂、爱道堂、客厅、丈室、戒台、祖堂、藏经楼、寮房,共计百余楹,又复旧观。旧有轩辕镜、混天球诸宝物。

妙悟律院

在城内花盝岗,创于明代。开山何人,已不可考。清咸丰癸丑,毁于兵,仅存破屋数椽。同治己巳,僧明禅先后募建大殿、天王殿、观音殿、大悲楼、地藏殿、火神殿,以及客堂、寮房,规模渐备。丙午,僧安静继席,重塑佛像,并撰刊明禅大师行识碑。

大紫竹林

在神策门内耆阇山麓,明季僧颛愚创建。僧一名伞居,尝入定于伞下也。有大殿、廊房百余楹。洪杨一役,片瓦无存。同治间,僧清潭行脚至此,诛茅结屋,矢志重兴。田园山场,亦经悉心清理,次第收回。光绪二年,僧悟真重建大殿;十六年,增建房寮。民国十一年,僧果成筑围墙二百余丈,始防堵安然矣。

隐仙庵

在清凉山虎踞关侧。陶通明尝隐居于此,故名。庵多桂树,有宋桂二株;又有梅一本,相传亦是六朝物。道士多善琴,工吟咏,风度皆佳。今废。孙星衍《隐仙庵古梅》:六朝山里一枝春,瞥见繁花照眼新。历劫不消香骨格,几生修到玉精神。年深未必求知己,梦好常疑对古人。不是隐仙狂道士,空山谁与辟荆榛? 洪亮吉《隐仙庵赞》:仙桂两树,吟廊四周。中有道士,翛然寡俦。沉沉冥冥,梦与天游。临春结绮,幻景都收。四山归云,琴出树头。

东岳朝

在清凉门内。相传庙有华元化像,甚灵。后轩松竹竦秀,随园先生尝游于此。有桃园,花时甚盛。今废。

旃檀林

在小仓山麓。地颇幽胜,内有池,蓄红鱼,径尺。池上植金线柳,秋日碧鹂群集,啁哳可听。《蕙兰琐言》:诗僧卧梅,蕙兰最精。盈台簇槛,触目皆是。花近百盎,香满四时。而碧叶参差,临风欲舞,与绿天庵芭蕉同一胜概。后居是庵者为澹然,僧工书,善画竹,蓺兰亦颇盛。今是庵已鞠为茂草矣。

观音庵

在汉西门。有管夫人小楷《心经》石刻。今圮。

卧佛寺

在朝天宫后仓巷。旧名封崇寺,以楼奉佛疲津梁像,故俗谓之卧佛寺。道光中,寺僧筑藏经楼,购释藏全函储之。粤寇之变,主僧炳炎焚寺以殉。同治中,僧德诚重建佛殿僧寮,悉符旧制。

瓦官寺

在花盝冈。以其本陶官地,故名。或曰瓦棺,其说甚诞,不足信也。《金陵志》:西晋时,地产青莲二朵,掘之得瓦棺,花从僧口中出,因以名寺。杨吴改名吴兴寺,南唐改名昇元寺。《六朝事迹》:前瞰江面,后踞崇冈,最为古迹。累经兵火,略无仿佛。李王时,瓦官阁犹在,乃梁朝故物,高二百四十尺。太白诗所谓"日月隐檐楹"是也。《金陵杂咏》:顾长康画佛、狮子国玉佛、戴安道塑佛,当时号"三绝"。《南朝佛寺志》:左有凤台,焦竑更名凤游寺。洎入国朝,供养犹盛。咸丰兵火之后,仅葺破屋数椽而已。《金陵梵刹志》:自明嘉靖后,瓦官寺有二:在凤台山上,为上瓦官;山下为下瓦官。《凤麓小志》:寺本名集庆庵。明嘉靖时,诏毁私刹,僧以"瓦官"扁其庐,得免。以与山上瓦官寺对,故谓之"下瓦官"。洎上瓦官改为凤游,兹寺遂专瓦官之名。或又谓嘉靖中,杏花村建积庆庵,掘地得昇元石像,遂改为古瓦官寺云。孙渊如《冶城集自注》:予庚子年读书瓦官寺,今废。王士正《游瓦官寺记》:金陵城西南隅最幽僻处,古瓦官寺在焉。邓太史元昭招予结夏万竹园,与寺邻,喜胜地落吾手也。时方燠甚，忽云叶四垂，雨如屈注，淮水暴涨三四尺。高柳清溪，御风以往，至凤游寺，即上瓦官也。按葛寅亮记云：寺一更于昇元，再废于崇胜，戒坛洪武初荡然无存。其地半入骁骑仓，半入徐魏公族园。万历十九年，魏公慨然布金，遂复瓦官昇元之旧。殿左空圃，有土阜高丈许，上多梧桐林，即古凤凰台址。今寺去江远甚，台近培塿，不可以望远。太白诗所谓"一风三日吹倒山，白浪高于瓦官阁"，故迹沧桑，不可复考。太史谓瓦官旧在城外，濒于江，明初广拓都城，始入城内云。稍西为下瓦官寺，藤梢橘刺，数折始得。寺门清迥，视上瓦官不啻过之。寺有唐幡，相传天后锦裙。所制锦作浅绀色，云龙隐起，四角缀十二铃。陆龟蒙《古锦记》云：瓦官寺有陈后主羊车一轮，武后锦裙一幅，今羊车不可见，而此裙宛然。又志称：师子国玉佛、戴安道佛像、顾长康《维摩图》，为此寺"三绝"，皆化去。老狐看朱成碧，以此狐媚世尊，勿乃不可。顾千载而下，犹与金石同寿事，固有不可解者。六朝时，名僧支道林、法汰之流皆居此；顾虎头、伏曼容宅正在寺侧。风流弘长，于古为最。殊恨古人不见我也！入万竹园，饮青嶰堂，出华林部奏伎堂侧，琅玕万个，流云欲归，蝉鸟乱鸣，意高枕此中，不复成梦。堂前有池如半规，烟雾荟郁。太史云：池每夕必有气绸缊轮囷，登阁望之，如匹练然。漏下三十刻，相约以明日访六朝松石，乃别去。

古柏庵

在南冈周处读书台下，即萧寺故址。老树虬拏，孙枝翠挹。门外嵌宋管仲姬画大士石刻。后又就山凿像，故谓之石观音院。

洞神宫

在淮清桥西，旧为江总宅。宋制使姚希得自蜀来，建此奉清源、梓潼、白崖三神，又名蜀三大神庙。后又增建老君殿、雷祖殿。己酉大水，神像被淹，重塑皆去地数尺云。

朝天宫

地即古冶城。相传为吴夫差铸剑处。晋建冶城寺。杨吴建紫极宫。宋改天庆观。苏轼有《天庆观》诗。明洪武间重修，易今名。凡大朝贺，百官习仪于此。山门径道，向折为九。清乾隆二十一年,高宗临幸,大吏鸠工,改作重门直达。前为三清殿,后为大通明殿。栋宇崇深,规制钜丽。二十九年,皇太后发帑重新,乃为金陵道观之最。旧有《道藏》,陈雪峰尝就录音义。咸丰乱作,悉成灰烬。同治四年,李文忠公就其旧址,改建孔庙,江宁府学宫附焉。详曾文正公《江宁府学记》。李国宋《朝天宫感怀》:冶城山色带残晖,绛节中天渺翠微。自昔鼎成龙已去,只今松老鹤远飞。斋宫寂寞闻金磬,泉海苍茫想玉衣。唯有步虚诸羽士,秋风时礼白云归。

妙相庵

在北城薛家巷,道光间建。池亭花木,名胜一方。包世臣题"天问堂"草书,汪正鋆为分书集楚词长联,汤贞愍、董夫人为书《九歌》,祁文端、陶文毅诸公皆有诗。刊石衔壁,经乱独完。何子贞《金陵杂述》:妙相庵秋海棠壁最胜,今壁已毁,余景亦非。昔闻贼改为御花园也。内附屈子祠,今改暨南学校。参看《祠宇》。 释敬安《妙相庵》:百战无残垒,巍然独此存。古藤犹铁色,旧碣尚苔痕。有相能逃劫,无为道益尊。台城落日里,多少未招魂。 金和《游妙相庵》:四边山色一园新,忘却门前有热尘。春尽草香浓似酒,日长花意倦于人。短桥水上萍争路,小阁云多竹买邻。不受提壶春鸟劝,为留醒眼拜灵均。 王闿运《游妙相庵观道咸诸卿相刻石》:成败劳公等,繁华悟此间。依然一片石,长对六朝山。花竹禅心定,蓬蒿战血殷。谁能更游赏,斜日暮雅还。

承恩寺

在驴子市。本明内官王瑾住宅。景泰二年,奏改为寺,赐额"承恩"。今其地即呼承恩寺。《鲒埼亭诗集》:白下投止承恩寺,见壁上蕺山先生题字,知为其旧寓也。

净觉寺

在三山街北。《钟南淮北区域志》:明西域人伍儒入中国,为钦天监官,居南京,建此寺于宅旁,俗呼礼拜寺。咸丰乱后重修,规模狭于旧时矣。

铁塔寺

在朝天宫后,刘宋泰始中建。本名延祚。唐僧灵智生无目而通晓诸经,时人谓有天眼,为建塔。僧号罗睺,故又曰罗寺。寺前旧有铁塔二座,宋乾兴二年铸,故又名铁塔寺。熙宁中赐额"正觉"。一说铁塔寺,唐太宗时建。有尉迟敬德监造砖。塔顶有唐人所书经,昔塔毁时为人检去。邑人林必昌曾见数页,字极端丽。二说不同。岂唐曾重建耶?《金陵杂咏》:明时寺废塔存,乾隆丙午夏四月塔圮。《南都察院志》:有百丈泉,今其地称罗寺转湾,俗讹螺蛳转湾。

毗卢禅寺

在督军署东。因寺中供养毗卢舍那佛,故名。原一小庵,府县志均未载。清咸丰间毁于兵火。后有僧量宏者,有戒行,初创一佛殿,在督署前。某制军令迁西华门外竺桥,即此寺址也。嗣曾忠襄公督两江,忠襄先与僧海峰有戏约。海峰,镇江人,客湖南。同治间,住南岳齐公岩,有苦行。忠襄游山,嘉其行,戏谓海峰:"如我督两江,为汝造庵。"海峰即立誓,代忠襄礼天下名山。忠襄感其诚,既督两江,即招海峰择地,遂与量宏商之。寺既成,不数年,遂成巨刹。江南佛寺,以毗卢寺列于甲等,寺内藏忠襄墨迹甚夥。有万佛楼,楼之上下左右及椽柱榱桷之上无不有佛,此万佛之所以名也。

回光寺

在长塘西南,即梁萧帝寺。明时有回光大士居此,故名。

《东城志略》：葛祠部寅亮所移建，中筑青扶阁，登眺尤宜。道光中，以寺为老民堂，屋宇日圮矣。

白下寺

在大中桥，亦一古刹。《金陵志地录》：白下寺久废为普济禅院，近年得旧额于菜圃中，书"白下寺"。建隆十四年，谏议大夫寇准立，乃复斯名。

鹫峰寺

在钞库街南，明天顺间建。赐额旧为"江总宅"。颜鲁公尝辟放生池于此。溪云芦雪，秋景绝佳。石上镌擘窠字曰"鱼极乐国"。《东城志略》：宋史制使正志建青溪阁于池上，后人误以淮东为青溪，实始于此。

鸡鸣讲寺

在鸡龙山东麓。内奉倒坐观音像，俗称观音楼。晋永康间始创道场。梁改同泰寺。明洪武二十年改鸡鸣寺，建浮图五级。清乾隆十六年，御书"鸡鸣寺"匾额，并有题咏。施食台即在其右，题曰"志公台"。碑记谓建自梁武，亦六朝鳞爪也。寺后乃古台城观音楼，高出台城，可眺元武湖。与楼相并，有凭虚阁，"凭虚听雨"为金陵四十景之一。咸丰间毁。光绪六年，僧西池募资重建；十五年，张文襄督两江，辟寺后经堂为豁蒙楼，亦甚轩爽。远览狮子、紫金诸山，森然天半。文襄书额，跋云："余创议于鸡鸣寺造楼，尽伐丛木，以览江湖。华农方伯捐赀作楼，楼成，属题搧①，用杜诗'忧来豁蒙蔽'意名之。光绪甲辰九

---

① 搧：应为"扁"。同"匾"。

月无竞居士张之洞书。"民国三年,僧石寿、石霞增建景阳楼。李
懿曾《游鸡鸣寺记》:甲寅之秋七月既望,家立庵学博招游鸡鸣寺。日未中,两蜻蜓①衔尾而
进,茶铛酒董,毕载船头。余手金叵罗,且饮且谐笑。青溪凡几折,约八里许而抵岸焉。遂
各舍舟蹀屐,三三五五,人影与牧马相杂,平沙渺漫,弥望无际。蒋山龙蟠,忽青忽紫,喷云
泄雾,半隐半现于茂林丛樾间。亡何,而鸡鸣寺施食台至矣。拾级聚足,连步以上。一僧
雏导我行,登南楼,解衣磅礴。启轩窗环眺,烟峦拱揖,竹鸡松鼠出没其间。鸡鹈鸂鶒②,
自青溪飞来,亦贪缘。平野时有钩辀格磔之声,清风四吹,烦襟顿涤。余戏约诸客作诗,不
成者罚以金谷酒数。立庵曰:"今兹游颇畅,宜纵目眦,东睋西睎,饱看烟云,胡乃搦三寸管
作草间虫吟耶?"客曰唯唯,遂罢。已而转回廊,历殿宇,褰衣上观音阁,北临元武湖,则荷
衣脱尽,但见叠翠交加,夕阳明灭,秋漪万顷,山影倒垂。余咏王新城"寒禽将子蔓草萦烟"
之句,凄怆悲怀矣。台城一角半堕榛芜,故址巍然,依稀尚辨。临风怅望,悄然念萧老公③
雄姿盖世,控有江南,晚乃啖鸡子,口苦索蜜不得,千载下,犹令人思啮侯景肉也。方肮脏
时,立庵促予曰:"行矣,日之夕矣!"遂相与下翠微(下略)。 吴伟业《鸡鸣寺》:鸡鸣寺接
讲待基,扶杖重游涕泪垂。学舍有人锄野菜,僧寮无主长棠梨。雷何旧席今安在,支许同
参更阿谁? 惟有志公留布帽,高皇遗事读残碑。 王士禛《登鸡鸣寺》:鸡笼山上鸡鸣寺,
绀宇凌霞鸟路长。古堞尚传齐武帝,风流空忆竟陵王。白门柳色残秋雨,元武湖波澹夕
阳。下界销沉陵谷异,枫林十庙晚苍苍。 张之洞《鸡鸣寺》:雨暗覆舟山,泉响鸡鸣埭。
埭流南朝水,僧住南朝寺。当时造宫城,选此陵阿地。朝市皆下临,江山充环卫。白门游
冶子,沓枙无生气。心醉秦淮南,不踏钟山背。一朝辟僧楼,雄秀发其秘。城外湖皓白,湖
外山苍翠。南岸山如马,饮江驻鞍辔。北岸山如屏,紫青与天际。鹭洲沙出没,浦口塔标
识。烟中万楼台,渺若蚁蛭细。亦有杜老忧,今朝翳蒙蔽。

　　按:景阳楼,相传在鸡鸣山麓。《舆地纪胜》又称在法宝寺
西南,遗址尚存,俗呼为景阳台。则今之景阳楼,已非其旧

---

①　蜻蜓:小船名。
②　鸂鶒:指像鸳鸯的一种水鸟。原文误作"鸂鶒"。
③　萧老公:指梁武帝萧衍。

址矣。

永庆寺

在峨眉岭。梁天监间,永庆公主建,因名。旁有白塔,又名白塔寺。今塔址尚存。明洪武间重建,占地四百十六亩。清嘉、道间称"禅栖胜境"。咸丰间被毁。光绪初年,僧宏兴重建;十六年,毁于火;二十一年,僧冠玺重建大殿、南楼等,规模又粗备矣。

金陵寺

在定淮门内马鞍山。唐诗僧贯休创建。贯休画罗汉,其中一帧即己像也。殿上金刚骑白狻猊,亦曰白泽,俗呼为金刚骑水牛。山门无弥勒而塑真武,与他寺异。黄鼎《偕友过金陵寺》:未识金陵寺,云萝一径封。合围深殿树,不断午溪钟。客话茶烟静,僧归竹影重。待人题壁去,斜照恋孤峰。

宝林寺

在马鞍山。寺为唐之旧刹,后倚山椒,地极幽深。寺僧种牡丹、芍药诸卉,暮春担以入市,陈设者多取资焉。

听潮庵

即由宝林寺拾级而上,佛殿居其巅,隔城江帆往来,近在几席间,真天然图画也。

西方寺

在复成桥秀山公园西,为古都天庙遗址。光绪十五年,僧量宏由毗卢退席,创建此寺,为静修地;二十三年,僧常海继席,增建厢庑数楹。民国十年,僧宝林擅将全寺基产售诸欧阳氏,幸经慧居寺僧德宽、香水林僧德崇据理力争,程雪楼、狄楚青、丁桂樵诸居士协同调解,始得备价赎回,并由郡人魏家骅、杨焕卿、刘启宇等,就寺西沿河隙地开凿放生池云。

香林寺

在太平门内。旧名兴善寺,明建。清康熙间,圣祖南巡,改为香林寺,赐御书匾额。梁庆云寺佛牙流传在此。又有大藤结成自然椅,容坐数人。咸丰乱后,佛牙失而椅尚存,盖明宫中旧物也。

大佛寺

《石城山志》:在陶谷东。佛身长丈六,故名。禅堂院中,有木笔海棠二大株,红白交错,诸天中香色世界也。

吉祥寺

在清凉山北,明建。有古梅大数亩。《金陵览古》:新安鲍元泽性至孝,其母小字梅花,偶经其地,望见迎拜,建拜梅庵。焦殿撰竑有记。王友亮《吉祥寺》:二百年前寺,规模尚未湮。曾闻攀桂客,不见拜梅人。野旷禽偏乐,山深树自神。花时携酒榼,剥啄笑余频。

丛霄道院

在峨眉岭侧。内有阁,奉吕祖。门外修竹万竿,绿阴成海。春时道士款客,辄出笋以供,谓之玉版筵。

正觉寺

初名水月庵,在太平桥南。嘉庆中,僧镜澄获妖人方荣昇,奉敕改建,规模宏敞。《两般秋雨庵随笔》《随园诗话》皆称镜澄能诗。光绪中叶,僧融光、中春、静安先后重修,并增建三宝殿五楹,僧房二十余楹。有洪钟一紫,遗经碑十三方,植物有罗汉松、无心杏,紫竹尤众,故又名紫竹园。

清凉寺

在清凉山。初在幕府山下,唐彦谦有诗。后乃移此。吴顺义中,名兴教寺。唐为清凉道场。宋为清凉广惠寺,苏轼尝拾弥陀佛画像,有赞。明初改今名。清乾隆间,御书匾额。咸丰间毁。同治中重建,奉地藏,七月香火甚盛。门外有保大泉,即南唐义井。徐渭《清凉寺》:萧梁台殿一灰飞,荞麦清明雉兔肥。坏榜几更金刹字,饥魂应烂铁城围。东来镜折龙潭水,北去芦长燕子矶。千古兴亡真一梦,隔江闲数暮鸦归。

善庆寺

在清凉寺南。外殿祀张睢阳,有扫叶楼。详《山水》。

小九华

在清凉山。即古之云巢庵也。因奉地藏,故名。岁七月,士女之祈赛者络绎如云。乾隆中,庵毁于火,僧展西复之。咸丰癸丑,复毁于兵。同治间,僧可曾、竺志重建地藏殿、灵官殿,薛时雨有记。

城东路

白云寺

在钟山之阴。寺前有白云洞,因名。《南朝佛寺志》:胜善寺在钟山之右,谓之上云居。庾信尝从驾登云居寺塔,王褒登云居寺高岭,皆有题咏状其胜景。今山阴有白云寺,当是其遗构。咸丰中为兵火所毁,有僧结茅于此云。

灵谷寺

在钟山麓。旧有道林寺,在独龙阜。后为蒋山寺。或又云古名开善寺,明初徙于此,改名灵谷。明太祖、清吴云均有记,载在《灵谷禅林志》。入山门,松径五里,乃至殿庑。"灵谷深松"为金陵四十景之一。规制壮丽,有无梁殿,不施一木,垒甓空洞而成。后有塔院,即宝志改葬处。是塔原有五级,后毁于兵。今改建一亭,以志旧迹。或谓此塔,明洪武二十年迁于鸡鸣寺,有元铸巨钟三十六乳,乳各一音,钟文载《江宁金石记》。后寺废,惟殿独存。清初,僧羽南、吕石、万清先后募资重修,并种桃万株。咸丰三年毁。同治六年,僧德恺祢修重建。光绪间,光莲重建山门及天王殿、大殿,余未及也。山门近又重修,额曰"深松觉苑",有飞来剪、八功德水。详《山水》。朱书《灵谷寺树记》:向闻灵谷寺大银杏一章,曾腰玉,往观之,根株轮囷,刊以上即为数歧,虽气象郁葱,无奇也。但言其结实无心,颇异他种。今年三月既望,与门人张星闲谒孝陵,复过灵谷,会安福吴舫翁在寺修山志,因见舫翁所作《树王记》。记云:"高皇帝既移宝志公塔藏,遂幸灵谷寺,见是树深居众树中,盘根极大而枝叶不露,有居中驭外之象。曰:'是可为树王矣。'顷之,树杪一枝叶独黄,帝见之,曰:'树冕矣。其真王耶!'解玉带赐之。已而树结实,其腰间皆突起,环如带。不但以无心见奇也,凡寺中银杏树百章,无东西南北,尽向之,若环拱者,虽大风飘拂知故。而所谓腰玉者,深藏众树中,其杪上一枝,众叶方青翠独黄,灿然烁金,如是者至今皆不改。"予循览之,果然。但未见其结实突起如腰玉者。然以所见,信所未见,当不诬也。呜呼!自高帝开国,未几,值靖难之祸,凡洪武所赐腰玉,诸公侯存者鲜矣。而树犹得贵其苗裔,即靖难后,腰玉者亦不乏也。受国家三百年爵禄之贵,而两都沦陷,其视腰玉,不啻粪土而弃之如遗焉。树犹区区守先朝之赐玉,树殆不知时势之已改矣。庙社既墟,而后天地之间,惟海上一隅以赐王终,奉故朔垂三十七年,今亦已矣。树又何贵于先朝之赐,而用以见奇若斯哉!舫翁胪列君德以为此大树者,不愧真王。而予既奇大树能君,尤奇众树能臣。合东西南北之殊,当劲风疾霆之交,而未尝改柯易叶,拱卫其君如故,视岳坟之南枝,不更奇乎!呜呼!使其臣无不拱卫,其君虽千万年王可也。庚辰三月烈皇帝讳日宿松朱书记于旧京武定桥之阳。　　王士正《游钟山灵谷寺记》(节录):寺毁于乙酉丙戌间,惟无梁殿宝公塔存。上人于南灵隐豁堂师法嗣,为言寺废之由。乘愿而来,欲以十年重兴。初地午浴楼下,楼后面屏风岭,风逢逢自绝壑下,林木飒然有声。饭方丈毕,偕上人观景阳钟,礼宝公塔,予登焉,上人不能从。问《三绝碑》,亦毁于火。"三绝"者,张僧繇画志公像、李太白赞、颜鲁公书也。寺旧有志公法衣革履,吴道子画《折芦渡江》、《乌巢》《佛印》三教画壁,皆不见。惟颓壁数版,丹青漫漶,如天吴紫凤,颠倒短褐而已。稍东为说法台址,旁即八功德水,榛棘蒙茸,无复涓滴。南为琵琶街,僧雏附掌,隐若弦丝之音。殿前有巨铁剪,锲"大吴"字,土人讹谓赤乌时物。按:明高帝初定建康,为吴国公;八年,为吴王;此当是未改元时所作,然不识何所用之。上人云:"相传山有蛟,铸此为镇云。"梅花庵在山门东,寒香数百树,尚横斜山翠中,问周颙草堂、王安石定林旧址,皆不可详。会日夕,遂与上人别。

三茅宫

在钟山茅山凹。门外松杉成林,颇称幽胜。

紫霞道院

在紫霞洞,故名。

慈荫律寺

在朝阳门外东流镇。明万历初年建,名慈云庵。清乾隆间,高宗驻跸,敕改今名。咸丰间毁,片瓦无存。同治十一年,僧星悟行脚至此,募赀重建。民国五年,僧舣波继席重修。

城南路

报恩寺

在聚宝门外古大长干里也。向有阿育王塔,即以名寺。吴时,寺塔并废。晋太元中,掘得舍利,即其地建塔焉。南唐时复废。宋祥符中重建,天禧中改名天禧寺。明永乐间,成祖北迁,因欲报高皇帝后深恩,敕工部依大内式,造九级五色琉璃塔,高三十二丈九尺四寸九分,顶以黄金风波铜镀之,铁索八条,垂铃七十二个,上下八角垂铃八十个,每晚九层外面燃灯,计一百二十八盏。下八方殿内及塔心有琉璃灯十二盏。顶上天盘一个,重九百斤;铁锅二口,重四千五百斤。寺周围占地九里十三步,名曰大报恩寺,额曰"第一塔"。于永乐十年六月十五起工,至宣德六年八月初一日完竣,共十九年。嘉靖中,大殿毁。清康熙三年重建。塔则圣祖亲洒宸翰,一层各赐一额,五色琉璃,照耀云日,篝灯百二十有八,佛火宵燃,光彻远近,又复旧观。嘉庆五年被雷,将三方九层击毁。由督抚具折申详,发帑修理,又焕然一新。咸丰兵燹时,寺塔悉毁,无复存焉。后虽稍葺门殿,比于曩时,不过百分之一。今内设学校,佛殿已改作课堂矣。王士正《游报恩寺记》:廿二日,自乌衣巷出聚宝门,遂造报恩寺。寺即古长干寺,明金陵八大寺之一也。龙象巨丽甲诸刹。登九级塔,俯视金陵城阙,旭日飞甍,参差可见。西瞰大江,南望牛首,东面蒋山,出没烟雾,郁作龙蟠。近眺秦淮、青溪,三十六曲,才若一线。云逢逢起腋下,鸟俯其背,忽忆唐诸公诗,塔势如涌出,连山若波涛,所谓"眼前有景道不得"也。

陈文述《登报恩寺浮图》:靖难师来执闭门,孝陵云树黯销魂。忠臣已尽神孙死,却建浮图说报恩。　何绍基《报恩寺》:六代风流到有明,欲凭佛力巩皇京。报恩寺塔成焦土,毕竟坚牢是石城(自注:报恩寺全毁失)。

案:《养和轩随笔》称,幼时游南城大报恩寺,见正门内大殿封闭不开。父老言:"此成祖生母硕妃殿也。妃,高丽人,生燕王,高后养以为子,遂赐有铁裙之刑。故永乐中,建寺塔以报母恩云。"观此,则成祖非马后所生,而其建寺所以言报高皇帝后深恩者,事有所讳也。

碧峰寺

在南门外。《金陵杂咏》:晋瑞相院,唐改翠灵,宋改妙果,元改铁索。明洪武敕建,居金碧峰,故名。《金陵城南诸刹记》:以碧峰师易今名。洪武中,师出使西洋。今十八沉香罗汉犹是西域物。《江南好词》[1]:寺有木刻风僧济颠像,罗两峰画,笔法奇妙。寺圮。

天界寺

旧在城中,今红纸廊一带地是也。高青邱诗云:"万履随钟集,千灯入镜流。"可见其盛。明初寺灾,徙建南门外善世桥南,有金刚经塔,明钟伯敬书。今废。

普德寺

在雨花山西,明僧月潭创建。清初僧扆伊、友竹先后重修,并增建法云楼、大悲楼。雍正七年焚毁,九年重建。咸丰间毁于兵,仅存铁佛一尊及五百铁罗汉,倒卧于瓦砾间。后僧大伦结茅于斯,募建接引殿、大殿。光绪二十六年,僧婆心重修,并重建天王殿。民国六年,僧月朗重装铁罗汉及募塑四天王像。

高座寺

在雨花山冈。晋永嘉中名甘露寺。西竺僧尸黎密据高座说法,世称高座道人,因易今名。李白族子中孚在寺为僧,白尝依之。《太白集》中有《赠族侄高座寺僧中孚》诗。寺并有中孚塔及井。《江南好词》:寺有铁罗汉五百尊,又有婆逻树子,能治病。咸丰间尽毁;同治中重建,难复旧观;光绪二年重修。

永宁寺

在雨花山。有永宁泉。详《山水》。高座、永宁本一寺,明始分为二,西曰高座,东曰永宁。咸丰兵火,荡为邱墟。后虽稍稍修葺,而雨花一泓,土人仅构屋置铛,以为茶寮云。

---

① 《江南好词》:据民国《南京文献》,应为"《江南好辞》",作者张汝南。

三藏禅堂

在聚宝山北麓。本天禧寺下院,嗣属大报恩寺。咸丰间毁,同治中重建。今又失修矣。

能仁寺

旧在城内昇元阁故址。明洪武中,始移建聚宝门外。灵谷寺巨钟本寺中物。《江南好词》:寺有覆水梅。《金陵杂咏》:寺有古红梅一株。今圮。

宏觉寺①

在牛首山。一名佛窟寺。下有深坑,言是辟支佛窟,因名。旧名崇教寺。《传灯录》:又称幽栖寺。为僧法融开教处,号牛头宗,为南宗第一。明洪武中,改名宏觉寺。清仍而不改。咸丰兵火以后,稍稍修葺。殿前银杏,乃法融手植。袁枚《牛首庙门外古银杏》:歌老树高不休,雷怒焚其首。树死心不甘,孙枝从旁走。一枝入地复出地,三伏三升重起势。远看屹立有千层,近察孤根只一气。渴猊赴海尚回头,乖龙拏云忽掉臂。不知此树生何年,劫灰阵阵飞眼前。大椿春秋何足算,疑与盘古同开天。我游名山大川遍,似此奇观竟未见。明知老矣才无多,为汝奇赏还作歌。

香眼禅寺

在方山左。今已颓废。近有乡农于寺之右耳门掘得蓝色宝鼎一座,刻工甚细,有"董其昌绘"字样,亦系寺物。

城西路

普陀庵

在石头城外。僧亮一工栽菊,能使月月有花。蒋用庵侍御

---

① 宏觉寺:即弘觉寺。

有"僧寮月月如重九"句。今废。

华严庵

在莫愁湖。

城北路

静海寺

在仪凤门外狮子山麓,明永乐时建。寺后摩崖大石,磊然秀特。宋虞允文尝三宿于其下,后人遂沿称之曰三宿岩。

嘉善寺

在神策门外北固乡。梁僧云光曾说经其间,故金陵景目题曰"嘉善闻经"。明重建。有石佛阁、苍云崖、一线天诸胜。清乾隆间,高宗临幸,题曰"栖云谷",名益著。咸丰乱后,寺产遭人侵占。民国初,僧醒慈住持,乃悉数收回,复建磐石亭以揽山川之胜。陈澹然《磐石亭记》(节录):南北朝时,宋文帝与中书令萧思话登钟山北岭,观磐石清泉,命思话弹琴磐石上,谓"相赏有松石间意",殆即此云。

永济寺

在燕子矶,本名弘济。明洪武初建观音阁,杰构缘崖,半出空际,系以铁絚,俯临大江,登之如凭虚御风。正德间,复因阁建寺。《随园诗话》:燕子矶有永济寺,往来士大夫往往阻风小泊,辄有题句。国朝相国张文端英、鄂文端尔泰墨迹淋漓,尚存僧舍。老僧默默曾刻一集,竟被火焚云。王士正《夜登弘济寺观石壁记》:自六朝园出石城门登舟,暮泊燕子矶,山气蓊郁,渔灯舟火与星河上下。新秋雨歇,江沱晚凉,遂登弘济寺。入石阙,两崖奔峭,如行楚蜀峡中。石磴纡曲,缭绍江浒。谒八难殿,束炬观苏术"长江巨石"四大字,势欲飞去。仆旧泊燕子矶,得句云"长江巨石想飞动",意取诸此。复观明潞王敬一画兰、乔恭简公字、庐陵段朋格篆书七言诗诸石,皆嵌岩谷间。遂登观音阁，阁背负绝壁，三面瞰江，凭虚结构，宛然蜃楼。从江中望之，不殊乘跻御风矣。阁中怪石林立，如青莲花环绕佛座；栏外洪涛泱漭，居然万里之势。予数登阁远眺，每风日明丽，见直北棠邑、江浦诸山，佛赢帝青，隔江奔赴。今来更阑月晦，下视苍茫一气，惟闻空江人语，跳鱼拨刺如巨人。时复流萤千万点出没树间而已。下岩入毗卢殿，殿后石壁拔地斗绝，石楠生壁罅，裂石而出，夭矫直攫檐溜。方融禅师者，从终南来居此，所居陆航鸟道斜通。诘屈而上，数折始达北面。江流如大圆镜，视观音岩又一奇也。院有庐山僧为略说栖贤东林诸道场之胜。昔阮思旷戏何次道：“我求千户郡尚不可得，卿乃图作佛，佛即不易作，何至不可为刘遗民、雷次宗耶?”归舟蓺烛记之。有笛声出江上，络纬哀吟如相应答。舟人以月出，解缆东下，不及登燕矶矣。　　戴启文《江舟阻风游永济寺》：一径入修竹，先闻清磬音。江声流户外，山翠落庭阴。据石邀僧话，听泉静道心。兴亡都阅尽，合让古禅林。

幽居寺

在摄山中峰之右，与西峰相接。数楹量笏，竹木环之，阒若人境。外坡前乱石数丛，云堆浪立，兽伏鸥蹲，莫可名状。阶下流泉泠泠，如奏琴筑。拾级而登，崇栏曲径，直达禹碑。洞壑深幽，以此为最，故名。《随园诗话》：尹公三次迎銮，幽居庵、紫峰阁诸奇峰，皆从地底搜出。刷沙去土，至三四丈之深。又嫌摄山水少，故于寺门外开两湖，题曰“彩虹明镜”。

三茅宫

在摄山最高峰。供三茅真君像。

栖霞寺

在摄山。南齐明僧绍隐此，永明五年，舍宅为寺。山有三峰，中峰屹立，东西拱抱，寺在中峰之麓。唐高宗制《明隐君碑》，碑阴书“栖霞”二大字，因以名寺。殿前有银杏树二，六朝时物。有清欢堂，葛寅亮有记。有毗卢阁，张怡有记。有旃檀、金汤二阁，僧兴源有记。大殿东南隅，有舍利石塔，镌琢极工，隋文帝所建也。《摄山志》:国朝于顺治五年邑人陈旻昭、刘觉岸、邓元昭等请天界觉浪老人主席,复为修葺;咸丰间毁;嗣寺僧仅构数椽于山麓,以安瓶钵。民国初,僧宗仰、若舜相继修复。入寺门,有石莲池,颇宽广。正殿后有藏经楼,规模宏壮。楼左右均建有精舍,左题"最吉祥处",右题"大解脱处"。殿西有摄翠楼,恰对东山。凭栏远瞩,风景甚佳。寺有千佛岩。详《山水》。

　　郑鹤声《隋舍利塔记》①(节录):隋舍利石塔在大雄宝殿之东南隅。塔石似有多种:第一层石质坚黝细致;第二层以上则为质稍粗……塔连顶共为七级,而说者多误为五级;又塔七级,级凡八面,寺僧谓只五面。习焉而不察,亦不足责也②。《栖霞小志》谓:"先即地甃石为基,基四围有石楯阑环绕之③。"今阑楯俱不可见,惟承阑楯之石址则犹存于塔南一面;俱以白色花岗岩为之……又址上刻有飞马之属,姿态生动。……第一层及第二层间承以莲花露盘,石质微黄……自第三层④以上,则檐牙四张,卜覆筒瓦。《栖霞小志》谓檐角"上悬以铁索,垂以铃,今已断绝"云云。第二层飞檐承壁⑤之下,别有横楣,琢为天女飞游空际之像;八面,面为天女像二,夭矫飞动,无有同者,盖亦名作也。……塔之第一层八面镌佛本行至涅槃诸变;第二层八面则镌四天王像,外有佛像一尊,门二扉及毁去之像一;三层以至六层,则八面各镌佛龛二,龛藏结跏趺坐之佛像一尊;塔顶微毁,有小树生其上,临风摇曳……至《栖霞小志》谓"又上一级则稍高,为四金刚,间以四门"云云者,误也。塔前旧设接引之佛⑥,各高丈许,亦以白石为之。说者谓其……有顾恺之笔法。今接引二佛尚存,在塔之西侧,惟寺僧重加修缮,傅以金彩;所谓以白石为之,有顾恺之笔法云云者,今皆不可见矣。

---

① 郑鹤声《隋舍利塔记》:应为"向达、郑鹤声《摄山佛教石刻小纪》。"以下的引文据向达《唐代长安与西域文明》一书改。

② "习焉而不察,亦不足责也"句:向达书中无此句。

③ 环绕之:向达书中作"环绕"。"之"为衍字。

④ 第三层:向达书中作"第二层"。

⑤ 承壁:向达书中作"承尘"。

⑥ 接引之佛:向达书中作"接引二佛"。

保国禅寺

在金川门外宝塔桥西。旧名宝月庵,洪杨一役,荡为邱墟。光绪八年,尼长音积功德资自建韦驮殿、大殿及寮房十余楹。民国戊午,修慧、修静继席,增建五显殿、大悲殿、念佛堂、祖堂、禅堂,并寮房五十余楹,规模大备,诚尼庵中之所希有者。

卷 八

祠 宇

城中路

帝王庙

在鸡鸣山,明初建。祀历代帝王,配以历代名臣。久圮。

明功臣庙

在鸡鸣山之阳。明洪武二十二年建①,祀徐达以下二十一人。钱谦益有《鸡鸣山功臣庙考》,载《初学集》。庙废后,附祀宋曹武惠王庙。《南都察院志》:帝王庙、北极真武庙、祠山广惠庙、五显灵顺庙、卫国忠肃王庙,俱宋讷撰碑;蒋忠烈庙、都城隍庙、卞忠贞庙、曹武惠王庙,俱刘三吾撰碑;汉寿亭侯庙,温阳撰碑;刘忠肃王庙,黄子澄撰碑;功臣庙无碑文。凡十二庙,俱洪武三十二年②建,俗曰十庙。 《江南好词》:鸡笼山下,明时建庙极多,有十大功臣庙,后遂呼其地为十庙。山右有蒋庙桥,桥下有九眼井,桥边茶肆取此水。山左有舞雩径,此处山寺藏红,溪杨摇绿,最堪游咏。 吴伟业《功臣庙》:画壁精灵间气豪,鄂公羽翦卫公刀。丹青赐额丰碑壮,荣戟传家甲第高。鹿走三山争楚汉,鸡鸣十庙失萧曹。英雄转战当年事,采石悲风起怒涛。

---

①② 洪武三十二年、洪武二十二年:据《明史》,应为"洪武二年"。

曹武惠王庙

在鸡鸣山之阳,祀宋曹彬。旧在聚宝门外,明洪武二十二年改建于此。今圮。

武　庙

祀关壮缪、岳忠武。旧在府署西,同治八年改建于鸡鸣山下府学旧基。气象雄伟,而庙旁适临河流,红墙绿水,美丽可观。

诸葛武侯祠

在汉西门内驻马坡。相传武侯曾驻马于此。清薛时雨为之建专祠,悬画像于其中,招僧主持之。里人崇拜瞻仰者不绝。汪士铎撰记。

陶靖节祠

道光中,陶文毅公于盋山余霞阁前建深柳读书堂,以祀靖节先生。堂既圮,因奉靖节栗主祀武侯祠内南楹。陈作霖有《陶靖节先生附祀武侯祠记》。

曾文正公祠

在龙蟠里四松庵址,同治十一年建。文正骑箕,诏建专祠,乃罢生祠之祀。节朔生忌,士民必祷。栾社荐馨,岘碑堕泪,非仅以戎功也。乱后,龙蟠里少民居,自祠堂落成后,有卖香人家及绿杨茶社,不甚寂寞矣。今内设建业大学。

屈子祠

在北门桥西妙相庵内。庵僧修本,幼师金梅峰,金因愤死池中。修本建此祠,以金配祀。今废。

金公祠

在利涉桥，祀金公云甫。金公曾捐建利涉桥者，土人祀为桥神云。

一拂祠

在清凉山下，祀宋监门。郑侠去官之日，惟持一拂，故名。陈宝钥有《郑一拂先生祠重修序》，载在《郑一拂先生祠录》。王友亮《一拂祠》：宰臣太拗谏官哑，慷慨犹闻郑介夫。冷宦轻于三尺拂，流民禁得几回图。剧怜遗爱青山在，可惜高名白下孤。欲起荆公相借问，此中地界许争无？

黄公祠

在石坝街。公名湜，字子澄，以字行。事载《明史》本传。祠内有翁夫人血影石。翁夫人为侍中黄观妻，燕师入城，夫人及二女投淮青桥死。夫人先呕血石上，遂成小影。陈文述《翁夫人血影石》：半月无光燕飘瞥，烈女忠臣同殉节。侍中堕江江水清，夫人堕河河水洁。栅洪桥西一抔土，孤鸾雏燕葬同穴。小影何年石上沁，此石贞石血碧血。江水西来响呜咽，万岁千秋影不灭。

案：黄观妻翁夫人，诸书皆作翁，惟《南雍志》作雍，县志从《南雍志》，未审孰是。

陶方毅公祠

在盋山园侧。公创建惜阴书院，以课诸生，专经史。公殁后，建祠书院，春秋祀之。

颜鲁公祠

清凉山侧乌龙潭，唐颜鲁公置为放生池。潭上有放生庵，即以祀公，亦称四松庵。旧有宝珠山茶一株，极高，几与屋齐。

青溪小姑祠

在淮青桥侧。《六朝事迹》：按《舆地志》，青溪岸侧有神祠，世谓青溪姑，南朝甚有灵验，尝见形于人祠。今与上水闸相近，说者云隋平陈，斩张丽华、孔贵嫔于青溪栅下。今祠像有三妇人，乃青溪姑与二妃也。《秣陵集》：王葑亭《金陵杂咏》有张丽华祠，不详其处。考之志乘，亦未有云建祠者。惟《王渔洋诗话》云秦淮青溪上有张丽华小祠，不知何代所建。金陵图经不载。《金陵志地录》：周文璞诗序云，祠祀子文妹，而旁列二偶，则叔宝宫人。或言有妖据之。郡守毁三像，犁其庙，善恶无别而废。盖小姑与兄殉国难者。陈文述《张丽华祠》：璧月依然琼树枯，玉容犹似忆黄奴。过江青盖无消息，寂寞青溪伴小姑。临春结绮已销沉，遗庙荒凉碧藓侵。惟有青溪呜咽水，千年犹似怨韩擒。

二贤祠

在凤凰台旁，祀晋阮籍、唐李白。《通志》：雍正初建，专祀李白。后于台址掘得断碑，有"晋贤阮步兵墓"六字，因合祀籍于此。

顾亭林先生祠

在朝天宫后。先生七谒孝陵，曾寓居朝天宫，别有祠在府学。

城东路

蒋侯庙

《舆地纪胜》：《金陵览古》云在钟山之西北，吴大帝为汉秣陵尉蒋子文立。明洪武初，改建于鸡鸣山。《秣陵集》：六朝以来，灵应甚著，洊崇帝号。今父老犹奉为土神祠。一在雉亭山，一在龙尾山，即蒋山之麓。《待征录》：子文，忠义士也，而被诬于《搜神记》及《吴操传》。许白云诗："岂唯托幽灵，固亦秉忠义。死分在一时,庙食终百世。"《同治上江两县志》:有庙碑,徐铉撰文。袁枚《谒蒋庙》:为神为将此山中,绂带依然汉上公。冷庙滴残三月雨,灵旗吹满六朝风。阶前泥马毛如动,门外松涛响在空。昔在南郊今不祭,盛衰君亦与人同。

龙神祠

在灵谷寺。以祷雨有验,同治六年曾文正公重建。公有《灵谷龙神庙碑记》。

城南路

海忠介祠

祀明海忠介公瑞,在聚宝山方、景二祠之间。《金陵志地录》:明建魏珰[①]生祠,庠生何光显上珰祠数武,建祠祀忠介,同日肇工,一椰一斧,务令相闻。曰:"愧彼为国家留一线也。"

方正学祠

在雨花台。明万历时,南京士大夫建祠,有啸风亭,多乔木。县令邵甲尽伐之,亭与祠俱圮。清顺治庚子,洪若皋重建。康熙四十二年,钱钰、董修、戴安作记,则改而南向矣。其后叠次修缮。乾隆间,赐谥"忠文"与额。嘉庆二年,江宁巡道、历城方昂其先,金华人正学之族子来谒,因重修治,姚鼐有记。咸丰间毁。同治十一年就旧址重建。民国十三年重修。朱厚章《拜方正学祠》:秋气凛毛发,祠门吊落晖。何人加白帽,大节在麻衣。草乱疑瓜蔓,庭空绝燕飞。景公遗庙近,化鹤并来归。 张文虎《方正学祠》:叔父非元圣,皇舆误太孙。九原真可质,十族竟何论。铁案存心史,麻衣裹血痕。景公祠不远,风雨泣忠魂。

附　录

明故宫阶石上有一凹,雨后拭之,血痕宛然。相传为方正

---

① 魏珰:对明朝太监魏忠贤的贬称。

学草诏时齿血所溅。左文襄公持节于此,于三公祠旁建亭一座,将此石移置亭中,名曰血迹碑亭。亭今毁,碑已移庋南京古物保存所。左宗棠《明靖难诸臣血迹碑记》(节录):考靖难诸臣致命处在殿阶西,俗传方忠文、练忠肃先生血瘀石尚存。按瘀本佛经字,且其义亦别,故名之血迹碑。

卓忠毅祠

在方祠左,祀明卓忠毅公敬。公字惟恭,瑞安人。燕王即位,责公不屈,遂夷三族。万历初,用御史屠叔方言,表墓建祠。清咸丰间毁,同治间重建。

景都宪祠

在雨花台永宁寺后,祀明都御史景清。燕师入,诣阙自归。一日早朝,衣绯怀刃,欲刺燕王。不克。诘之不屈,磔死。籍其乡,转相攀染,谓之瓜蔓抄。村里为墟。祠为万历中建,咸丰间毁,同治间重建。王友亮《景公祠》:当年殉国难,最烈莫如公。萌念即星变,粉身犹鬼雄。齐黄谋不与,方铁志还同。过客椒浆奠,争传御史忠。

三忠祠

《一统志》:在聚宝门外,祀宋杨邦乂、文天祥,明李邦华。咸丰间毁,同治十二年重建。

皇姑庵

《待征录》:在雨花山后,祀徐妙锦不肯为燕王后者也。嘉庆中,北城徐氏重修。今废。

案:妙锦,徐中山王季女,端静有识。文皇闻其贤,欲聘为后。命内史女官往谕旨,即称病不出。内使行,即削发为尼。俗传拒命投井者,非也。

玉梅华庵

在牛首山罗汉泉旁,祀清道人李梅庵瑞清。屋只数楹,而锄石莳花,颇称精雅。榜曰"玉梅花庵",从道人遗嘱也。

眼香祠

《金陵杂咏》:在牛首山旁。宋高宗南渡,有妃留建业,善治目疾,殁而祠之,甚有灵异。俗称眼香娘娘。《同治上江两县志》:眼香之庙,祈祷牛首,难曰尊崇,非义所安,不复可也。

按:《灵芬馆诗集》称,萧梁公主祠俗名眼香庙,祈目疾有验。若是,则非宋妃,抑岂别有一祠耶?

城西路

水府祠

在白鹭洲,祀河神。木客所萃止也。曩时端阳竞渡,即在此。

双忠祠

《金陵杂咏》:在上河,祀唐张巡、许远。《金陵志地录》:在积善桥,已改禅林。王安节作记辨之。按:文信国自五岭被执,经江上张巡、许远祠,恸哭为诗,若"词留白马以祀之"即此。《同治上江两县志》:双庙移祀者凡四人,张巡、许远、南霁云、雷万春,以遮蔽江淮,东南寄命也。

城北路

湖神庙

在太平门外元武湖洲上。《后湖志》:湖神庙,旧为昭明太子梁园故址。明太祖复建毛老人庙于其上,有湖心亭、观音阁、赏荷厅诸胜。咸丰间毁。同治十年,曾文正公增购民地,就旧址重建。

张、端二公祠

在湖神庙侧,额曰"陶然亭"。跋云:"清端忠愍督两江时,同官拟别建俱乐部,公旋调北洋,因改为陶公亭,立铜像。辛亥国变,像移焦山松寥阁。兹以张文襄、端忠愍遗爱在民,详请副总统冯省长齐立案为张、端二公专祠,并命名陶然亭。民国五年十月高增秩题记。"

卷 九

园 墅

城中路

随 园

在小仓山。《待征录》：随园有二：一为焦茂慈之园。顾文庄诗云："常忆牛鸣白下城，宋朝宰相此间行。"应在东冶亭左右。袁太史《诗话》误作东桥诗。一为隋织造之园，在小仓山，则袁太史所得而增饰者也。因山作基，引流为沼，莳花种竹，饶有古趣。有香雪海、因树为屋、蔚蓝天、群玉山头诸胜。乾嘉诸老觞咏其间，称极盛焉。《石城山志》：四山环抱，中开异境，楼台皆依山构造，如梯田状。虽屋宇鳞次，而占地无多，四围咸依峭壁，不设墙堵，入园必循山坡迤逦而下，固天然形势也。今则平原一片，双湖水仅一泓可辨以外，绝无坡陀处。相传洪寇因粮饷告乏，填平洞壑，资田以供给伪王府之食米。及克复后，复有棚民垦种山谷，其土日壅日高，遂不能按图而考其迹矣。何绍基《随园》：乾嘉风雅萃随园，诗画淋漓紫雪轩。遗冢荒凉无可觅，仓山何处托吟魂（自注：昔至紫雪轩，诗画尚满壁，今并遗冢无人识）。

诗之窟

旧有狮子窟，在小仓山旁斗鸡闸山内。寺额为董思翁书。相传思翁曾读书其中。其旁林塘深秀，阳湖汤贞愍公构屋作园,题曰"诗之窟"。咸丰中,粤寇陷金陵,公投池死,因瘗园中,以藤杖殉,藉为他日之验。迨江南平后,将改葬,启土视之,则藤绕其尸如棺,亦一奇也。黄鼎《次韵汤雨生先生狮子窟别墅落成原序》云:圆通寺左有圃,可四五亩,偶然得之,中多果木。左右二溪,养鱼种芰。东为钟山,面山结庐。又前游西山村落,得诗有"诛茅意乃与",此景悉合,殆前缘耶! 此地古名狮子窟,庐成,即以额之(诗略)。

继　园

旧在北城,即珍珠桥大仓园一带地是也。园主李氏元伯,在清嘉、道间,富甲一城。园中奇石嘉卉,亭台楼阁,为金陵一时名胜。《记》中所谓"楼阁工于徐郭,树石拟之黄王",园林之盛,已可想见。

愚　园

俗称胡园,以其为金陵胡煦斋太守所建也。在凤凰台花盝冈东南。中汇大池,周以竹树。因高就下,置亭馆数十所。正厅后,叠石为小山,嵌空玲珑,极臻其妙。升高入险,变幻莫测。盖踞地不及亩许,而曲折回环,嵯峨嵚奇,有出入意表者。厅侧有精室曰水石轩,小坐其中,令人意远。厅外护以石栏,栏外有方塘,名曰秋水,碧波涟漪,红莲芳馥。石栏西一小径,循径左则一水榭,右为菊山,山椒有合抱之古松,数百年物也。松之旁有古石矗立,望之作老人微步状,相传为六朝遗迹。山之背竹篱茅舍,鸡太桑麻,居然村居风味,名曰城市山林。迤东即家祠,有阁曰栖云,地极幽僻。再东有海棠八九株,为春睡轩。稍南竹深处有小屋数椽,名曰竹坞。再南有土阜一,上有楼,额曰

"怀白",可远眺。张广雅①云:有六朝石,宋人题字曰"刘季高甫徘徊其旁绍兴丙申十月乙亥"十六字。或谓即张乖崖之醉石云。陈三立《酒集胡园作》:城中佳胜眼为疲,聊觉胡园水石奇。碧蕊紫黄春自暖,叠岩复径客何之。闲间簪履相娱地,历历乾嘉最盛时。残月栖楹鱼影乱,真成醉倒习家池。

半野园

在东仓巷,为诗人刘必晖之孙梦芳所筑。园中有秋水堂、青松白石山房、梅花书屋、积翠轩、因山楼、爱夕亭、众香亭、野航、宛转桥、荷池诸胜。梦芳亦工吟咏,随园袁枚亟赏之,觞咏往来,为一时之盛。今圮。

春水园

在卢妃巷。周保绪《春水园诗序》:甲申四月,始买金陵江氏致园,易其名曰春水。园中之胜,口冲抱堂,背倚修竹,面环丛桂。堂西曰味隽斋,宣石虎踞,古藤凤骞;曰远风楼,遥揽幕府,近挹鸡笼;曰春水怀人之舍,方塘镜涵,危矶鹭立。南为介山,山有亭曰介亭,清凉西市,牛首南朝,紫金、覆舟,镇其丑艮;青龙黄土,带其辰巽;曲池三叠浸其麓,乔林四起荫其巅。陟山南下,曰绿波画舫,垂丝拂衣,怪峰拱袂。转而东曰水乐轩,小桥乍通,游鱼可数。转而北曰来鸥馆,疏梅覆水,连梧入云;曰爽来阁,高柳归凉,丹枫送夕。转而东曰贮素楼,朝霞浸槛,圆月洞窗;曰珍丛馆,丹萼连跻,翠条远翥;曰止庵,余所偃息也。麋篱萦碧,菱沼浮香。今废。

红雪楼

在鸡鸣山麓,为蒋心余别业。久圮。

---

① 张广雅:张之洞。"广雅"是其室名。

韬园

为蔡和甫侍郎所建。后临青溪，回环合抱，颇饶胜趣。园之外观，半宗西式。后为桃园，种桃数千本，花时灿烂如锦，元都观里不是过也。侍郎殁后，家渐式微，遂入于官。

仓园

在复成桥畔，为郡人仇徕之所建，因系仓基，故名。构筑朴古，而林木甚盛。苍翠之气，扑人眉宇。左临青溪，地势亦佳。《散原精舍诗集》：主人言初台之胜在游舫，为复成桥所隔，得避喧聒①。黄协埙《游仓园》：小仓山翠扑颓垣，中有园林旧姓袁。今日复成桥畔路，仓园原不让随园。入林莫辨路东西，万绿阴中晓雾迷。行过柳门人不见，一双么凤隔花啼。鬓堆茉莉扇玫瑰，理曲无烦阿母催。桥影贴波眉月瘦，有人徐荡画船来(主人精昆曲，青楼妙妓每荡小舟赴园中就学。"桥影瘦于眉样月，笛声凄入鬓边霜。"书室中联语也)。浮生偷得片时闲，蹑屐登楼饱看山。忽地暮钟催客去，斜阳一路送将还。

千顷堂

在斛斗巷后，为黄征君虞稷宅。藏书甚富。久圮。

散原精舍

在复成桥畔，为义宁陈伯严别业。水木明瑟，不闻市嚣，兼城市山林之妙。近闻已易主矣。

商园

在复成桥南，与仓园隔水相望。园内花木成丛，亦饶雅趣。其旁屋即商品陈列所，罗列各省土产，以供人研究者。

秀山公园

在商园南。民国癸亥，齐督军抚万为追念故督李英威而建

---

① 聒：原文误作"睧"。

也。构筑半仿西式,有英威阁,上盖琉璃翠瓦,颇称壮丽。阁前铜像巍然,刊石为铭,并有纪念碑一座,严修题赞其上。有历史博物馆、书报阅览室,可任人参观者。

薛 庐

龙蟠里之侧有乌龙潭,风景为西城冠。山水清澈,花木扶疏,郡人夙号为"小西湖"。全椒薛慰农掌教惜阴时,在此拓地三弓,筑庐数椽,屋不多而结构颇佳,地不广而部置得宜。回廊曲榭,连缀无痕,称胜地焉。《盋山志》:有永今堂、冬荣春妍之室、双登瀛堂、仰山楼、吴砖书屋、窊园、美树轩,_{左文襄有记}。夕好轩、蛰斋、半潭秋水一房山诸胜。时人有《薛庐十咏》。光绪七年,总督刘公又为桑根先生律宛在亭,或曰即明肥月亭址。先生题今名,亭在乌龙潭前,有木坊,榜曰"何必西湖"。其地之胜,可以想见。后即其地改薛祠。今已大修,令人不免有宋公旧池馆之叹矣。_{张之洞《薛庐》:人爱颜鲁公,池古泽不竭。天怜薛夫子,分此地幽绝。闭山篱门内,贮水卧榻侧。贫士生巧思,一壑遂专得。吟诗构杜堂,问字比杨宅。虽无五松雅,犹胜仓山热。路荒花竹斗,家索藩墙缺。溪亭徒兀兀,无梁不可涉。自炷影前香,凄然怀抱别。常恐啸咏事,后起遂销歇。 戴启文《过薛庐》(二首):早脱朝衫晚著书,风流儒雅有谁如。清凉山下西湖上,赢得千秋两薛庐。水木清华远俗尘,园林访旧黯伤神。成仙老鹤不飞去,寂守荒庄恋故人。 张謇《薛庐喜晤石公敬怀桑根先生》:邂逅曾无约,羁栖尚此才。文章池馆托,风日酒尊开。便使登三策,都应感八哀。永令堂下路,落叶浩成堆。 顾云《薛庐》:一卷山斋自可亲,宵阑漏下且逡巡。寒光迸皎中天月,迥立忘言独夜人。鹤梦警霜诗共峭,林阴度水画难皴。曾闻举世嗟皆浊,此地何尝有点尘?}

琴隐园

在纱帽巷,亦汤贞愍公别业。有十二古琴书屋、琴清月满轩、画梅楼、还读我书斋、延绿山房、商彝周敦汉瓦晋砖之室、鸡鸣长伴读书斋、凌云阁、幽篁里、五十年尚友之斋、默龛、琴台、百步廊、黄花径、梅门藤幄、薜荔柏、戏鸳鸯池、度鹤桥、鹦鹉冢、凌云峰、十三峰、七贤峰诸胜。公后殉节于狮子窟池，而此园亦荡然矣。

青峰草堂

在陶谷，为钱叔美别业。陈曼生题额，陈云伯又为营松风阁。久圮。

小卷阿

在薜庐北。道光时，邵阳魏刺史源购其地，为池馆弗果。后其子姓筑数椽。居之门外，修竹千竿，亦颇得幽趣也。

瞻　园

在今江苏省长公署，本徐中山园。清高宗南巡曾此驻跸。《金陵志地录》：园以石胜。清改为藩署园，亭悉仍其旧。《江南好词》①：咸丰元年，忽生琼花一朵，花类栀子，瓣如玉，茎如碧玉，形诸歌咏。《钟南淮北区域志》：咸丰中毁，乱后重建，非复前规矣。张广雅云：李雨亭官布政使时，题曰"静妙堂"，有普生泉。戊戌夏，秦淮断流而此并不涸。盛仲交《金陵泉品》未收。俗传徐达女妙锦不受文皇聘，投此井死，因封闭。其实非也。钱辛楣曾有文辨之。

案：《东城志略》称堂子巷亦有瞻园，秦殿撰大士归老后居之，取欧阳永叔"瞻望玉堂，如在天上"之意。又案：俗传普生泉事，可参看《祠宇·皇姑庵》。

———————————

① 《江南好词》：应为"《江南好辞》"，清末张汝南撰。

鼓楼公园

即就鼓楼略事修葺,旁叠假山,间以树木。楼之西北隅,增建一亭,四无墙垣,游人可随意休憩。登楼远眺,江山如画,极游观之胜。

五松园

一名五亩园,为孙渊如别业。厅壁有《兰亭》石刻。《白下琐言》:孙伯渊师后买皇甫巷司马河帅宅,亭馆池树布置有法,名曰冶城山馆。甲戌后,复就内圃隙地累石穿池,蒔花种竹,大兴土木,逾年而成。门前设书肆,曰窥园阁。厅事面南,曰廉卉堂,唐仲冕题。旁通高台,钟阜在望,曰大观台,石韫玉题。西南隅竹篱茅舍,寒菜一畦,曰蔬香舍,姚鼐题。宾朋谦集,岁无虚月。《冶城集》:五亩园有小苕坡、蒹葭亭、留余春馆、廉卉堂、枕流轩、窥园阁、蔬香舍、绿斐茨、映雪亭、鸥波舫、奥室、啸台诸胜,主人皆有题咏。后俞陶泉太守改筑凤池书院,为童生肄业之所。咸丰后废。郭麐《题伯渊观察五松园图》:苍翠五叟更精神,中有先生杖履春。一亩便成投老计,百年几见著书人。大夫爵亦随时拜,韦偃图看下笔亲。我欲移家来问字,肯分黛色到比邻。

城东路

陶 庐

在汤山,为陶席三别业。

城南路

刘 园

一名又来园,在南门外。为刘舒亭之别墅,地当南郭,里近长干。水石清幽,林木掩映。有凌波仙馆、云起楼、茶蘼廊、紫青阁诸胜。环溪垂柳与桃林相间,春时疑若武陵源,故向有小桃源之目。叶大庄《长干里刘氏园与于民官廨甚近冲泥往游》:补官得近雨花台,无主山多对阁开。光绪江宁承壁记,放衙刘氏小园来。　陈三立《南城外刘氏废园》:度阡穿乱冢,倒眼旧过园。斥废留枯树,追攀倚断垣。池鱼吞石气,篱犬吠诗魂。满抱织儿恨,依稀故国痕。

城西路

三山二水之堂

在上新河,王竹屿通守所建。江帆在望,远趣偏多。今废。

麦浪舫

在上新河,为道流朱岳云所建。四周环以麦田,故名。前迎牛首,右挹三山,极川原之胜。包慎伯有《题朱岳云炼师麦浪舫图》。《元宁乡土志》:道士朱福田居龙江关朱文公祠,善书画,筑麦浪斋与诸名士游;又能诗,有《岳云诗钞》刊行。黄鼎《人日过麦浪舫喜岳云病起》:问讯病已释,心颜不觉开。酒垆知己散,人日访君来。久话醉还酌,相看鬓各摧。一般生意足,笑指北窗梅。

卷 十

陵墓 塔院附

城中路

晋四陵

《建康实录》:元帝、明帝、成帝、哀帝四陵在鸡笼山阳,皆不起坟。今不知其处。《郡志》:十庙所据四高阜,疑即是者,非也。既不起陵,又何高阜之有?

晋步兵校尉阮籍墓

在凤凰台畔。王友亮有"遗冢傍高台,迹泯名弥劭。凤凰托千仞,正可与同调"句。参看《祠宇·二贤祠》。

晋赠侍中骠骑将军卞忠贞公壶墓

在冶城。《晋卞公祠堂记》(节录):葬冶城后七十余年,盗发公墓,尸僵如生,鬓发苍然,爪甲穿达手背。安帝赐钱十万封之。入梁复毁,武帝又加修治。李氏有江南,建忠贞亭于其墓北,穿地得碑,公名存焉。徐公锴实为之识。本朝庆历中,知府事、龙图阁直学士叶公清臣又封墓,刻石表之,改亭名曰忠孝云。张文虎《卞忠贞公墓》:一战全忠孝,西陵致命时。逆臣天岂佑,大义病何辞。片碣依高冢,荒基辨故祠。握拳长不朽,余烈在孙枝(卞族今有千家)。

陈张丽华墓

《广舆记》:在水西门内赏心亭天井中。时有白光如匹练,掬之似水银,不久流散,尤异事也。

陈宫人墓

《同治上江两县志》:地近青溪。见《灵鬼志》。

宋参知政事荆国公王安石墓

《一统志》:在上元县半山寺后。

双鸳墓

《金陵志地录》:高淳举人陈祐一以燕王入纂忧死,年甫十八;妻詹氏自缢殉节。入国朝,族良裔始据家乘发其事。张彝叹诗有"得死先于奸党籍,此身已是革除臣",又"郎有才华惊碎玉,妾无逼迫自磨笄"句。

清袁太史枚墓

在小仓山北。墓志为姚鼐撰书,载《惜抱轩文集》。

清诗人朱草衣墓

在清凉山。墓碑为袁枚书。

城东路

吴大帝西陵

在钟山南麓。《吴志》:神凤元年夏四月,权薨;秋七月,葬蒋陵。《丹阳记》:蒋陵因山为名,亦曰孙陵。晋咸和三年,苏峻至蒋山,卞壶与苏峻战于孙陵,败绩即此。《六朝事迹》:今蒋子文庙相对,向西有曰孙陵冈,是为蒋陵。

宋临川内史谢灵运墓

在麒麟门外本业寺。王友亮《谢灵运墓》:鸿文华胄冠三吴,何事东归蓄异图。慧业纵饶心已杂,君恩曲赦胆仍粗。生后孟颛求回踵,死向维摩拾断鬈。咫尺惠连坟好在,吟魂相约吊春芜。

谢惠连墓在宣义乡,与本业寺相近。

梁昭明太子安宁陵

《景定志》:昭明陵在城东北四十五里贾山前,与齐文惠太子同处排陵并葬。《吕志》:或谓城东燕雀湖,故昭明墓也。

明太祖孝陵

在朝阳门外三里,当钟山之阳故蒋山寺。马皇后合葬,懿文太子祔于左。《读礼通考》乾学案:明太祖孝陵典故,以革除之事,《实录》[①]、《会典》[②]并无记载,今现存者,陵前大金门三道,门内为神功圣德碑,有碑亭。左有神烈山碑亭二,右有卧碑,刻崇祯时禁约。自神功圣德碑而北,有大石桥一,又北有石兽二十四,四虎、四獬豸、四橐驼、四象、四狮、四马[③],各二蹲二立相间。又石望柱二,刻云气。又石人八,四文臣、四武臣,并夹侍神路之旁。又北为棂星门三道。又北有石桥五,并五空[④]。桥北门五道,东西二井,神帛炉左右各一。中为孝陵享殿,殿九间。殿北门三道,缭以周垣。又大石桥一,五空[⑤],中为甬道。拾级而登,进明楼,即宝城矣。自大金门之西为王门,又西为西红门。而棂星门之东为吴王山,有钟山亭。西有菜房桥,桥西为前湖。懿文太子东陵在享殿左垣外。又有虎山,在宝城西南。迤逦而西北,为后红门。陵之规制约略如此。《一统志》:明初置孝陵卫典守,本朝亦设陵户守卫。康熙二十七年,圣祖南巡诣奠。三十八年御书"治隆唐宋"四字,勒碑;特谕严禁樵

---

① 《实录》:唐朝许嵩《建康实录》。
② 《会典》:即徐溥、刘健等纂修的《大明会典》,又名《明会典》。
③ 记载有误。明孝陵神道两旁依次排列着狮子、獬豸、骆驼、象、麒麟、马6种24件石兽。
④⑤ 五空:即五孔。

牧，立石陵前，以垂永久。高宗历次临幸皆有题咏。《同治上江两县志》：殿后有平台，供奉御座二，座前有案，案左朱匣中藏石龟，长可尺余，印首曳尾，约略可辨。右则配以空匣。癸丑之乱，享殿毁，龟亡；樵牧靡禁，合抱之木，今皆濯濯。同治三年克复后，奉旨命疆臣修复，然石人石马已残缺不全矣。如金门之战功牌、孝陵卫之墓志铭、下马牌，字迹虽已模糊，犹可辨识焉。《秣陵集》：孝陵之建，有松十万株，长生鹿千。今则林木仅有存者，鹿亦杳不可见，陵户间有收得银牌者耳。神烈山碑，今在马路旁诸司官员下马坊侧。徐渭《恭谒孝陵》：二百年来一老生，白头落魄到西京。疲驴狭路愁官长，破帽青衫拜孝陵。亭长一杯终马上，桥山万岁始龙迎。当时事业难身遇，冯仗中官说与听。

案：《鲒埼亭诗集·从朝天宫谒孝陵》注云：世传高皇龙蜕在是宫，不在陵也。其诗云："钟阜衣冠是与非，朝天弓剑更传疑。难寻玉匣珠襦记，但见神功圣德碑。开国谅无惭汉祖，嗣孙底是学曹丕。当年可笑山陵使，乱命何人为弭违。"玩其诗意，似亦据以为实，识以俟考。

其阴有中山王徐达墓，高帝亲制碑，见存；开平王常遇春墓，宋濂撰碑，今亡；岐阳王李文忠墓，董伦撰碑，见存；以及东瓯王汤和、江国公吴良、海国公吴桢、滕国公顾时、许国公王志、芮国公杨璟、燕山侯孙兴祖、安陆侯吴复、汝南侯梅思祖，并以功臣陪葬兹壤。陈三立《过徐中山王墓》：游车满溅残阳色，下踏广场扫榛棘。穹碑剥蚀粗可读，开国功名知第一。弦管兵戈五百年，虎踞江山尸盗贼，欲呼魂魄起鞭棰。宵骑石马收八极，荒荒只对孤云泣。

城南路

晋太傅谢文靖公安墓

在聚宝山麓。《元和郡县志》：在石子冈北。《待征录》：王概《高座寺志》云在长兴者，始兴王掘发后，谢氏为长兴令者迁葬之。宋大观墓田碑可证。据此，则安墓始在金陵，后迁长兴。亦如宋理宗之颅骨也。《一统志》：在江宁县南。《陈书》：晋世王公多葬梅岭。大建十一年，始兴王叔陵母彭氏卒，启求梅岭葬之。乃发谢安旧墓，弃去安柩，以葬其母。《秣陵集》：彭氏后以作乱诛，毁彭氏坟，以还谢世之茔。

宋秦桧墓

《金陵杂咏》：在江宁镇。南宋末，为盗发，翁仲犹存。《白下琐言》：在牧牛亭。出聚宝门七十里，又名牧龙亭。万历间曾被发掘，今已湮没无传。其后裔犹有居其地者，皆改为徐姓矣。

案：金陵称两没字碑，谢傅墓文无敢作者，秦桧碑文无肯作者。今碑皆不存。

明方正学墓

在聚宝山麓。同治五年，李文忠为修墓树碑。《同治上江两县志》：公，宁海人。文皇命草诏，不屈，磔死。门人王稌收遗骸葬此。或曰士人以益窃葬。万历间，汤显祖立石表其墓。郑晓《吾学编》：收孝孺骸者为都督廖镛，文翔凤《游记》：公碧葬山中，祠官弗可迹，姑封一抔之土于北麓，曰墓，非公骨真在此也。今并载其说以俟考。

明溥洽和尚塔

《宝素室金石书画编年录》：溥洽，字南洲，山阴人。陆放翁后人,曾掌僧录司。金川门破,为建文君披薙遁迹。嗣长陵闻其事,幽诸图圄十余年,居请室中,曾著《金刚经附录》。永乐十六年,姚少师疾革,车驾临视,问所欲言,惟以释溥洽为奏。即日出之狱中。白发覆额,长陵亦为恻然。至仁宗洪熙元年,乞归长干寺养老,越岁示寂。敕葬凤台门外凤岭之阳,并敕建凤岭讲寺。年已八十余矣,则在宣宗宣德元年也。

明马湘兰墓

《虞初续志》:相传江宁南城外瑞相院后丛竹中为马湘兰墓。严冬友侍读又以为新安贞女某氏之冢,陈楚筠作诗以证其误云。鲁雁门《题马湘兰墓》:叶飘难禁往来风,未肯输怀向狡童。画到兰心留素素,死依僧院示空空。知音卓女情虽切,薄幸王郎信未终。一点怜才真在意,青青竹节夕阳中。

明阮大铖墓

在吉山。邢孟贞过此,曾赋诗,有"高坟何累累,中有穷奇骨"句。

明郑和墓

俗称太监坟,在牛首山。《东城志略》:墓旁植红豆树一株,干叶作碧绿色,结实如红豆。

清甘凤池墓

在凤台门。表曰"勇士甘凤池之墓"。勇士拳勇之名闻天下,而状恂雅如书生,亦奇人也。

城西路

吴偏将军汉昌太守鲁肃墓

《金陵杂咏》:乾隆某年,婺源江姓者买宅于上河,掘地得断碑,字尚可辨,审为鲁子敬墓。《一统志》:在江宁县西南上新河南岸圩田中,今去江不远,耕者尚不敢犯。《待征录》;《吕志》驳邑乘之妄而未详所由误。按:朱见虞浚诗注,乃鲁维肃墓。掘地时,浚曾目睹其碑。维肃,明武科解元。见《科贡表》。若是,则鲁肃墓又在疑似之间矣。王友亮《鲁子敬墓》:吴书读罢几裴回,智略如君信伟哉!分地借刘知大义,合兵拒操见奇才。少时濠上群推侠,殁后川中亦发哀。千五百年迷葬所,而今重洗断碑苔。

晋太保王祥墓

《景定志》:在城西南八十里化成寺之北,有断碑。《吕志》:按太保卒于西京,墓不应在此。《景定志》谓当是南渡时丞相导奉之以来,姑存之,以广异闻。

粤军建国烈士墓

在莫愁湖华严庵西。民国元年光复南京,粤军死者埋骨于此。冢共二十,并列成行。后因无人管理,墓门围墙都遭毁损矣。

城北路

晋赠宏农太守①郭璞墓

《秣陵集》:在元武湖中,名郭仙墩,与南冈殉节处相近。《金陵杂咏》:郭景纯墓在元武湖中。王敦斩璞于武昌,或归葬于此。

按:《入蜀记》称,金山右云根岛皆特起不附山,俗谓之郭璞墓。《方舆胜览》称,金山前有三岛,号石簰②,俗称郭璞墓。大

---

① 宏农太守:即弘农太守。
② 簰:同"箄"。用竹子或木材平摆着编扎成的大筏子。

水不能没。据此，则不特遇害之地诸说不同，而其墓所在亦有疑问矣。

晋丞相王文献公导墓

《元和志》①：在上元县西北十四里幕府山西。

清雪浪和尚塔

在栖霞寺后。和尚闽人，梵行精严，啸峰、药地诸大师皆受记。示寂天界，衡岳竺公奉舍利建塔栖霞，与隋舍利塔相望。

清张文祥墓

在幕府山南小营。江南提督李世忠为之树碑，大书"义友张文祥之墓"。

---

① 《元和志》：即唐朝李吉甫《元和郡县图志》。